経済経営セメスターシリーズ

マクロ経済理論入門

第3版

井上智夫
大野正智
幸村千佳良
鈴木史馬

【編著】

多賀出版

ま え が き

　本書は，すでに刊行されている「経済経営セメスターシリーズ」の中の井出・井上・北川・幸村著，『経済のしくみと制度』（多賀出版，2004）の姉妹編として書かれたものです。『経済のしくみと制度』では，現実の経済を題材にして，大学に入学したばかりの学生が，少しでも経済現象に興味が持てるようになることを狙いにしていました。これに引き続いて，本書では，ある程度現実の経済のしくみを理解し，経済用語にもかなり慣れてきた学生を対象として，マクロ経済理論の基本事項を修得してもらうことを目的としています。例えば，セメスター制をとる大学において，『経済のしくみと制度』は1年次の前期，本書は1年次の後期に講義されることを想定しています。

　経済学は，社会科学の中でもとりわけ明瞭な理論体系を有しており，演繹的な使用に耐え得るような定型化された論理構造の構築を目指している学問分野であると思います。本書は，マクロ経済学の初学者が，マクロ経済理論の醍醐味を味わい，経済理論モデルを構築していくことに興味をもってもらえるように，数多くの工夫をこらしました。章末の「アドバンス」や本文中の「チョット考えてみよう」などによって興味の喚起と本文の理解を補完していくことは，「経済経営セメスターシリーズ」を通して一貫して行なわれていますが，この他にも本書独自の工夫を行なっています。例えば，マクロ経済学のテキストとしては異例のことかもしれませんが，まず「市場」の概念と経済理論モデル構築の手順を理解してもらうために，「トマトの市場」というミクロ経済学的な事例からの導入を試みました。また，2色刷りにして，マクロ経済理論の理解のために不可欠なグラフや図を，視覚的にいっそう理解しやすいものにしています。さらに，マクロ経済理論を学ぶ上で必要不可欠となる経済制度に関する知識に関しては，姉妹編である『経済のしくみと制度』の参照個所を多数明示することによって，2冊の本の連携を図っています。

現実の経済政策を考えながら，マクロ経済理論を構築していくというプロセスは，非常にエキサイティングなものであり，大学に入ってこれから経済学を学んでいこうとするみなさんが，少しでも理論の面白さを感じ，興味をもってさらなる学習にチャレンジしていくことを切に希望します。

2005年　2月21日
（編著者）北　川　　浩
幸　村　千佳良

第3版によせて

2012年末以降の日本経済の動向をみると，いわゆるアベノミクスによる三本の矢（大胆な金融政策，機動的な財政政策，および民間投資を喚起する成長戦略）によって，2012年の円高と景気後退から脱却し，円安と景気回復が実現しました。2014年の消費税の5％から8％への引き上げによって，景気は一時的に悪化しましたが，円安による輸出産業の好調と株価の大幅な回復によって，日本経済の展望は明るいものになっています。しかし，米国のトランプ大統領の「米国第一」の政策によって，米国の貿易赤字の解消のために大幅な関税が導入され，世界経済には混乱が生じています。このような最近の日本経済と世界経済の動向をみるにつけても，マクロ経済理論によって，マクロ経済がどのように構成され，またどのような要因で変動し，また，政策によってどのように変動するかを理解することはとても重要であることがわかります。

今回の改訂はかなり大幅なものになっています。マクロ経済理論の基本的な枠組みである IS-LM を学習することに限定し，総需要総供給の枠組みは削除しました。また，今回の編著者のうちの3名が米国の MIT に教育研修に行き，能動的な学習方法 Active Learning Method を習得しました。実際の授業でも，一方的な講義形式ではなく，先輩学生（Qualified Learning Assistant (QLA)）に指導されながら行うグループ学習方式を取り入れました。授業での理解度は飛躍的に

向上しました。今回の改訂はこうした成果を反映したものになっています。練習問題は，概念の理解・定着問題，スキル形成問題，および，未経験な複雑な問題へ挑戦，の3段階構成となっていて，従来のものと比較すると飛躍的に充実したものになっています。この改訂版を通して，大学での能動的な学習方法に理解が深まることを願っています。

2019年　9月1日

（編著者）井　上　智　夫

大　野　正　智

幸　村　千佳良

鈴　木　史　馬

目　　次

まえがき　iii

イントロダクション　経済理論モデルへの招待 ………………………　3

　1．マクロ経済学とは………………………………………………………　3
　2．理論モデルの意味と意義………………………………………………　4
　　（1）経済モデルの作り方の例　5
　　（2）外生変数と経済モデルの操作　8
　3．マクロ経済の理論モデル………………………………………………　11
　4．理論モデルを作成するための準備……………………………………　13
　　（1）経済理論モデルと数学　13
　　（2）変数の種類に関する知識　14
　　練習問題　17

第1章　マクロから見た経済―何に注目したらよいか…………　19

　1．マクロ経済の中の経済主体……………………………………………　19
　2．経済主体間の財・サービスのながれ（単純なケース）……………　20
　3．マクロ経済におけるモノとカネの循環………………………………　25
　4．財・サービス市場におけるマクロの基本式…………………………　29
　　練習問題　33

第2章　データからみた日本経済 ………………………………………　35

　1．財・サービス市場のデータ……………………………………………　35
　　（1）支出側からみたマクロ経済　35
　　（2）経済成長率と総需要の変化　38
　　（3）消費支出と可処分所得　40
　　（4）民間投資とは　41
　　（5）設備投資と純投資収益率　43
　2．貨幣市場のデータ………………………………………………………　46

viii

第3章　消費関数 ………………………………………… 51

1．総需要と民間消費 ……………………………………… 51
2．消費と投資の違い ……………………………………… 52
3．消費は何で決まる？ …………………………………… 54
　（1）消費関数と税金　54
　（2）消費性向　56
　練習問題　60

第4章　マクロ経済モデル事始ー45度線モデルの構造 ………… 65

1．有効需要の原理と財・サービス市場の均衡 ……………… 65
2．45度線モデルの構造 …………………………………… 68
3．乗数と政策の効果 ……………………………………… 75
　練習問題　82

第5章　乗数を究めようー乗数のいろいろ ……………… 85

1．政府支出乗数 …………………………………………… 85
2．税が所得に比例する場合の乗数 ……………………… 89
3．均衡財政乗数 …………………………………………… 90
4．輸入が所得に比例する場合の乗数 …………………… 93
　練習問題　99

第6章　投資関数と IS 曲線 ……………………………… 105

1．民間投資支出とは？ …………………………………… 105
2．投資は何で決まる？ …………………………………… 107
　（1）投資の予想収益率と利子率の関係　107
　（2）さまざまな投資理論　111
　（3）段階的な借入れコストと投資支出　114
3．IS 曲線の導出 ………………………………………… 116
　（1）「財・サービス市場での需給が均衡している状態」とは？　116
　（2）単純な投資関数と IS 曲線の導出　118
　練習問題　121

目　　次　ix

第7章　マクロ経済と貨幣―貨幣需要関数とLM曲線の導出 …125

1．貨幣需要の動機 …125
（1）取引動機貨幣需要と予備的動機貨幣需要　125
（2）投機的動機貨幣需要　130
（3）貨幣需要関数　135
2．貨幣供給 …135
3．LM曲線 …137
練習問題　140

第8章　マクロ経済の均衡 …143

1．IS曲線とそのシフト …143
2．LM曲線とそのシフト …147
3．IS曲線とLM曲線の同時均衡 …150
（1）同時均衡解の導出　150
（2）財政政策の効果とクラウディング・アウト　152
（3）金融政策の効果　154
練習問題　159

第9章　どんな政策が有効か …163

1．IS曲線の傾きと金融政策の効果 …163
2．流動性のわながある場合の財政政策の効果 …167
3．クラウディング・アウトと財政政策 …169
4．政策の遅れ（ポリシーラグ）と政策の併用（ポリシーミックス） …172
5．自動安定化装置 …174
練習問題　177

第10章　外国との関係にも目を向けよう …181

1．2国モデル …181
2．外国為替レートはなぜ変動するのでしょうか …188
3．輸出入が為替レートに依存する場合のIS-LMモデル …190
練習問題　198

練習問題解答　203

索　引　221

マクロ経済理論入門

イントロダクション

経済理論モデルへの招待

　経済学では，さまざまな経済現象を理解するために理論モデルと言われるものを用います。これからみなさんが学習していくマクロ経済学においても，理論モデルは非常に重要な役割を果たしています。マクロ経済学を理解するために，まず経済学で用いられる理論モデルとはどのようなものなのかについて学習しておきましょう。

♥ 本章で学習すること

1. マクロ経済学を簡単にイメージしてみます。
2. 簡単な例を用いて経済学における理論モデルの概略を学習します。
3. 需要と供給を用いて，マクロ経済全体を考えることを試みてみます。
4. マクロ経済理論モデルの学習を進めていく上で必要となる知識についてまとめます。

1．マクロ経済学とは

　経済学では，ミクロ経済学とマクロ経済学という2つの基礎理論をもとにして，さまざまな経済現象を分析していきます。ミクロ経済学は無理に訳すと「微視的」経済学となり，マクロ経済学は「巨視的」経済学ということになります。「マクロ」とはどういうことかについて，少し考えてみましょう。「マクロ」というのは，物事が大きいというニュアンスを持った言葉ですが，マクロ経済学の「マクロ」とは，どのくらい大きいのでしょうか。実はマクロというのは，1つの国全体の経済状況を表すような情報（数量や質的な状態など）を，分析

4

の対象とするということなのです。例えば，いまの日本経済は好調なのか不調なのか，また，不調だとすればどのような政策を行なえば経済が良くなるのかなどを考えたりします。ちょうど町のお医者さんが患者の身体を調べて，診断を行ない，治療のための処方箋を描くことと似ています。ここで「ミクロ」について少し言及しておくと，ミクロ経済学は個人や個別企業の行動原理を厳密に分析していく分野です。上のお医者さんの例の場合，ミクロ経済学は肝臓や心臓などの働きを研究したり，個々の神経や細胞のメカニズムを研究したりすることだと言えます。したがって，ミクロとマクロは密接な関係があることになります。身体を構成している個々の機関のしくみや働きに関する理論を知らなければ，正確な診断をくだしたり，正しい処方箋を描くことは難しいでしょう。つまりマクロ経済学の正確な理解は，ミクロ経済学に関する知識がある程度必要になるということを意味しています。ただし，本書は初級のマクロ経済学の考え方を「理論モデル」という観点から感覚的に理解することを目的としていますので，ミクロ経済学の理論への言及は必要最少限度にとどめることにします。

　ところで，1つの国全体の経済状況を診断するためにはどのようなことを調べなければならないでしょうか。お医者さんならば，脈拍や血圧を測ったり聴診器で音を聞いたりして，患者に関する情報を集めます。経済状況を把握するために必要な情報とは何でしょうか。経済の状況を知るためにどんな情報が必要なのかを私たちに教えてくれるということが，理論モデルの最初の役割になります。

2．理論モデルの意味と意義

　現在の日本経済はどのような状態かを診断し，必要な処方箋を描くことがマクロ経済学の最終的な目的であることを前節で確認しました。そのようなことを可能にするために，経済学では理論モデルというものを作ります。理論モデルは一般に以下の4つのプロセスで作っていきます。

①分析しようとする対象の主人公（**経済主体**）を特定する。

②現実の中から重要だと考えられる要因（**経済変数**）を抽出する。

③いくつかの仮説に基づいて，人々（経済主体）の行動のパターン（**行動様式**）を設定する。

④最も生じやすい状態を表現（経済変数の値を決定）する[1]。

わかりやすい例を 1 つ挙げてみましょう。

（1）経済モデルの作り方の例

　例えばトマトの市場についてのモデルを作ることを考えてみましょう。主人公として取り上げるべき経済主体は，トマトの生産農家（供給者）とトマトを購入する人（需要者）の 2 種類としましょう。需要者と供給者が出会い，経済取引を行なっている「場」のことを**市場**（しじょう）と呼んでいます。経済学で「市場」という字が出てきた場合，ほとんどは「しじょう」と読み，「いちば」と読むことはほとんどありません。日常生活で「いちば」と読む場合には，例えば漁港にある魚市場（うおいちば）などのように実際に取引が行なわれている物理的な場所を指しますが，「しじょう」と読む場合にはそれよりも意味がずっと広く，一つの商品について行なわれている日本中の取引を頭の中でひとまとめにした観念的なものを意味しています[2]。以下では「市場」という字を見た場合には，特にことわっていない場合はすべて「しじょう」という観念的な意味で用いられていると考えてください。

　さて，トマトの市場の状況を知るために重要な経済変数は何でしょうか。いろいろあると思いますが，まず，トマトはどのくらい生産されているのか（生

---

[1]　ある状態に対して，外から力が加わらない限り，ずっとその状態にとどまったままでいるとき，そのような状態を**均衡**と呼びます。経済学のほとんどの理論モデルは，均衡を表現するように記述されています。このすぐ後の本文の市場均衡に関する説明を参照してください。

[2]　例えば外国為替市場（がいこくかわせしじょう）という言葉を考えてみましょう。この言葉は，円やドル，ユーロなどの異なる通貨を交換している電話やパソコンネットワークなどの総体を指しており，実際に直接ドルや円を交換するための物理的な場所があるわけではありません。

6

産量）ということと，トマトはどのくらいの値段で売られているのか（価格），ということが重要であると考えられます。ところでトマトを買う人は，値段が高くなればなるほどトマトの購入量を減らしていくと考えられます。(数学的な言葉では，トマトの需要量は価格の減少関数であると言います。) また，トマトを生産している農家は，トマトの値段が高くなればなるほど，トマトをたくさん生産しようとすると考えられます。(数学的な言葉では，トマトの供給量は価格の増加関数であると言います。) このように重要と思われる価格と生産量という経済変数を抽出し，その関係を想定することが，需要者と供給者の行動様式を定めることに他なりません。

　ところで，ある価格に対して，トマトの需要量より供給量の方が多ければ，トマトは売れ残ってしまうので，トマトの価格が下がっていくと仮定します。逆にトマトの需要量が供給量より多ければ，人々が先を争ってトマトを買うようになり，トマトの価格は上がっていくものと仮定します。このような前提の下では，トマトの市場には，需要量と供給量が等しくなるような方向に向かっていく力がつねに存在することが分かります。したがって，需要量と供給量が等しくなることが最も起こりやすい状態であるということができます。またこのときに価格が動かなくなり，需要量も供給量も変更されなくなります。このように需要量と供給量が等しくなり，経済変数がこれ以上動かなくなっている状態のことを**市場均衡**（または単に**均衡**）と言います。

　以上のことを，グラフで表現してみましょう。

　図1の中に描かれているトマトの需要量を表す右下がりの線（需要曲線）は，トマトの値段が高くなればなるほど人々はトマトの購入量を減少させようとするという関係を示しています。また，トマトの供給量を表す右上がりの線（供給曲線）は，トマトの値段が高くなるほど生産農家はトマトをたくさん作ろうとするという関係を示したものです。2つの線の交点は，ある価格に対する需要量と供給量が一致するところで，価格がこれ以上動かなくなる点ということになります。

　次に以上のことを数式で表現してみましょう。

トマトの需要量を D，トマトの供給量を S，トマトの価格を P とします。

イントロダクション　経済理論モデルへの招待　7

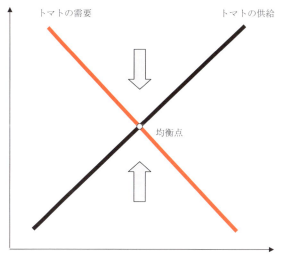

図1　トマトの市場のモデル

例えば，

　　需要関数　$D=-2P+15$
　　供給関数　$S=3P+5$
　　市場均衡　$D=S$

という3本の式でモデルを表現することができます。簡単な計算によって，市場均衡を実現する価格の値は，$P=2$ であることがわかります。（このときの需要量と供給量はともに11です。）より一般的な数式で表現すると次のようになります。

　　需要関数　$D=-aP+b$
　　供給関数　$S=cP+d$
　　市場均衡　$D=S$
　　（a，b，c，d はすべて正の値）

8

このモデルで，*a*, *b*, *c*, *d* の 4 つの数字は，重要なものとして抽出された 3 つの変数（需要 *D*, 供給 *S*, 価格 *P*）を一定の規則で結びつける役割を果たしています。このような役割を果たすものを**パラメータ**と言います。このモデルの場合には，*a*, *b*, *c*, *d* の 4 つの数字が与えられると，*D*, *S*, *P* の 3 つを計算によって求めることができます。*D*, *S*, *P* の値は，上の 3 本の連立方程式の解として決定されます。このようにモデルの中で値が決定される変数を**内生変数**と言い，内生変数の値を求めることを，**モデルを解く**と言います。（読者のみなさんは，*D*=*S* を成立させるような P の値を計算（*a*, *b*, *c*, *d* で表現）してみてください。）

（2）外生変数と経済モデルの操作

　ところで，経済学ではどうして理論モデルというものを作成するのでしょうか。あるいは，理論モデルはどのように利用されるのでしょうか。理論モデルは，私たちが重要だと考えた経済変数（上の例ではトマトの価格と生産量）の値がどのような水準に決まるかを教えてくれますが，そればかりではなく，何かが起こったときに経済変数がどのような動きをするのかを私たちに示してくれます。以下ではこの点について少し説明しておきましょう。

　トマトの市場を考える上で重要な経済変数は，トマトの価格，需要量，供給量の 3 つだけでしょうか。トマトの需要量や供給量に影響を及ぼしそうなものは，価格以外にもたくさんあるのではないか，ということは誰でもすぐに考えつくと思います。例えば天候の変化がトマトの供給に影響を及ぼしたり，消費者の所得の変動がトマトの需要に影響を及ぼすことは十分に考えられることです。また，きゅうりの価格の変動がトマトの需要や供給に影響を及ぼすことがあるかもしれません。このようなさまざまな要因の影響をしらべるためには，上で述べてきたトマトの市場の理論モデルをもう少し発展させなければなりません。ここでは一例として消費者の所得の変動の影響を考えてみることにしましょう。

　まず，消費者の所得変動の影響をしらべるためには，消費者の所得をあらわす変数をモデルの中に組み込まなければなりません。消費者の所得が増加した

イントロダクション　経済理論モデルへの招待　9

場合には，トマトの価格が変わらなくても，人々はトマトの需要量を増加させるものと想定してみましょう。[3] モデルを次のように書き換えることができます。

　　　需要関数　$D = -aP + eY + b$
　　　供給関数　$S = cP + d$
　　　市場均衡　$D = S$
　　　（パラメータ a，b，c，d，e の値はすべて正）

ここで Y は消費者の所得をあらわす変数です。トマトの価格はトマトの市場で決定されますが，消費者の所得はトマトの市場だけで決定されるわけではありません。したがって，トマトの市場のモデルを解くためには，消費者の所得がいくらであるのかという情報を与える必要があります。モデルを解くことによって決定される変数を内生変数と呼ぶことはすでに述べたとおりですが，このモデルの中の消費者の所得 Y のように，重要な変数として抽出されたものであっても，モデルの外から情報を与えなければならない変数を外生変数と言います。[4]

　さて，消費者の所得 Y が増加した場合に，トマトの価格 P の値はどうなるでしょうか。図をつかってしらべてみることにしましょう。消費者の所得が増加すると，価格が同じでも，消費者はよりたくさんのトマトを購入しようとする（需要量が増加する）ことが想定されていました。このことは，消費者の所得の増加が，需要曲線をまるごと右方に移動させることを意味します。このように線がまるごと移動することを，シフトすると言います。一般に，外生変数の変化は，モデルを構成する曲線のシフトをもたらします。シフト後の新しい需要

---

[3]　どのような財でも，所得が増加した場合に需要が増加するとは限りません。詳しくはミクロ経済学の中で学習してください。

[4]　所得がいつも外生変数になるという意味ではないことに注意してください。ある経済変数が内生変数になるか外生変数になるかは，あくまでも理論モデルの構造に依存するものであり，経済変数の属性に依存するものではありません。したがって，モデルを解くことによって，所得の大きさを決定するような理論モデルをつくった場合には，所得は内生変数ということになります。

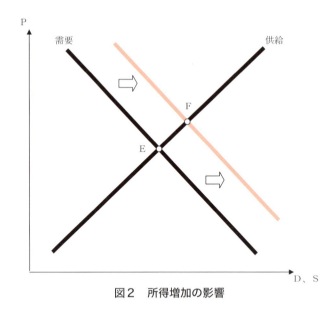

図2 所得増加の影響

曲線が，図2に描かれています。需要曲線のシフトによって，どの価格水準に対しても需要量が増えていることを確かめることができると思います。この新しい需要曲線と供給曲線の交点Fが，消費者の所得増加後の新しい均衡点になります。消費者の所得が増加する以前の均衡点Eとくらべて，トマトの価格が上昇していることがわかると思います。Yの増加によってPが上昇するという結論は，数式によっても容易に確認することができます。[5]

このように条件をいろいろと変化させてモデルの動きを調べることを「**モデルを操作する**」と言います。(ここで行なったのは外生変数の変化に対する均衡点の比較を行なうという操作で，**比較静学**と呼ばれています。) モデルを操作することによって，現実の経済現象を解釈したり，将来起こることを大雑把に予測したりすることが可能になります。

次の課題は，実際のデータを用いて，a, b, c, d, eなどのパラメータの本当の値を推測することです。これは実証分析と呼ばれているものです。みなさん

---

[5] モデルを解くと，$P=(eY+b+d)/(a+c)$，となりますから，Yの増加がPを上昇させることがわかります。

も経済学や統計学の勉強を続けていくと実証分析ができるようになります。

　理論モデルは，現実を写真のように写し取るものではなく，あくまで重要だと考えられる関係だけを抜き出して，操作可能な形に組み立てたものですから，100パーセント現実と合致するわけではありません。例えば観光地の駅前にある「観光名所マップ」のようなものを想像してみてください。どこにどのような名所があるのかが一目でわかるようになっています。しかし，距離や大きさなどはかなり不正確です。正確な方が良いという事であれば，駅前に大きな航空写真を置けば良いことになりますが，そうすると非常に解かりにくくなると考えられます。観光客が，どのように名所を回ろうかと考えるためには，大雑把なイラスト風の地図の方がずっと使いやすいことがおわかりいただけると思います。このように，調べたい事柄の解かりやすい道しるべを提供するというところに理論モデルの大きな意義があります。

3．マクロ経済の理論モデル

　前節で経済理論モデルの作成例として取り上げたトマトの市場のモデルはミクロ経済学のモデルの例ですが，一国の経済全体を考えた場合にこれと同じように作っていくことができるでしょうか。結論を先取りすると，一国全体の経済についてもトマトの市場のモデルと同じように，需要と供給という概念を組み合わせることによって理論モデルを作ることができます。以下に簡単な作成例を示してみましょう。

　トマトの市場ではトマトの需要と供給だけを考えればよかったわけですが，一国全体の経済を考えると，非常にたくさんの財やサービスが取引されています。これをどのように理論モデルにのせればよいでしょうか。マクロ経済学では非常に簡便な方法を用いて財・サービス市場の複雑さを回避しています。まず，日本で生産されたすべての財・サービスをほんの少しずつバスケットの中に入れることを頭の中で想像してみてください。そして人々はこのバスケットを取引しているものと仮定します。このバスケットの価格が一般物価水準（単

に**物価**ということもあります）と呼ばれるものです。このように複数の財を，あたかも一つの財であるかのように取り扱えるようにしたものを**合成財**と言います。バスケットに入れるということを想像することから**合成財バスケット**と言うこともあります。こうして経済全体でさまざまな用途に用いることができる単一の財が取引されていることを前提として理論モデルを作成することができます。これは一つの虚構（フィクション）ですが，実際の経済と完全に同じでなくても，現実の本質的な部分をより浮き立たせるものであれば，理論モデルを作成する際に利用してもよいことは前節で述べた通りです。

　さて，次にこのような合成財バスケットに対しても，需要や供給をトマトの市場のように考えることができるでしょうか。合成財バスケットに関しても，価格が高くなれば人々は買うことを控えるようになり，価格が低くなればたくさん買うようになり，また，供給についても同じように価格が高くなれば生産者（企業など）はたくさん生産しようとする，というように単純に考えてよさそうに思えるかもしれません。もし，このように考えてよければ，トマトの市場の場合と同じようにモデルを作成することができ，図3のような図を描くことができることになります。

　しかしながら，話はこのように単純ではありません。[6] 後の章の結論を先取りして言えば，合成財バスケットに対しても図3のようなグラフを描くことが可能です。しかし，このような図を描くまでには，トマトの市場の場合とは比べ物にならないほどさまざまなメカニズムを考慮しなければなりません。したがって，単純に需要曲線と供給曲線を描くだけでは，どのような要因が経済全体の需要曲線や供給曲線を動かすのかということについて全く分析することができません。このような分析が可能になるためには，経済全体の需要や供給がどのように発生しているのかを学習しなければならないわけです。

---

[6]　やや上級なミクロ経済学の話になりますが，ミクロ経済学の一般均衡論と呼ばれる理論モデルでは，賃金なども含めたすべての財・サービスの価格が同じ比率で上昇した場合には，需要や供給は全く影響を受けないとされています。これは価格に関するゼロ次同次姓と呼ばれています。しかし，マクロ経済学では貨幣の市場の特殊性や，賃金の硬直性などのさまざまな現実的な仮定によって，一般均衡論とは異なる経済像を描き出しています。

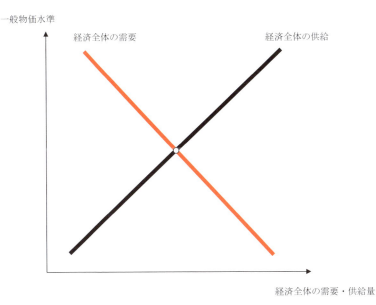

図3 マクロの需要と供給

4. 理論モデルを作成するための準備

(1) 経済理論モデルと数学

　第2節のトマトの市場についての理論モデルを思い出してください。理論モデルが，文章による表現，図による表現，数式による表現の3通りの方法で表現されていたことに気付くと思います。一般的にいうと，理論モデルは文章で記述することもできますが，図や数式を用いた方が誤解の少ないより正確な表現ができると考えられます。実際，経済学における理論モデルのほとんどは，その論理的な構造を数式の助けを借りて表現しています。したがって経済学の理論モデルを学習するためにはある程度の数学的な知識が不可欠なものになります。本書は，あまり高度な数学的知識がなくても読み進められるように工夫されていますが，それでも中学校レベルの数学の知識は必要です。本書を完全

に理解するために特に必要となる数学の知識は，以下の 5 つにまとめられます。[7]

①文字式の計算

②関数の概念

③関数のグラフ化

④連立方程式の解法

⑤連立方程式とグラフの関係

（2）変数の種類に関する知識

　マクロ経済学の理論モデルをつくる準備段階で，記憶しておかなければならないこととして，経済変数の区別に関する重要な予備知識があります。一般にマクロ経済学で用いられる経済変数には 3 つの種類があります。それはフロー，ストックおよびフローでもストックでもないものの 3 つです。

　フローとは，ある一定期間に対して測られた量のことです。例えば所得を考えてみましょう。昨年 1 年間の所得とか，先月 1 ヶ月間の所得というように時間の長さをもとにして測られていることが分かると思います。それに対して**ストック**というのは，ある時点の残高として測られている数量のことです。例えば，今年の 9 月30日現在で日本国内で流通している貨幣の量や，10月 1 日現在のあなたの銀行預金残高などはストックです。ところで，10月 1 日のあなたの預金残高が2000万円であり，10月31日の預金残高が2100万円だったとします。このとき，あなたの預金残高が10月の 1 ヶ月間で100万円増加したことになります。このプラス100万円という数字はフローの概念です。したがって，ストックの変化分はフローであるということになります。マクロ経済学の中で，フローとストックの区別は大変重要です。市場の議論をするとき，フローの市場の話をしているのか，ストックの市場を対象にしているのかは，いつも注意深く考

---

[7]　井出・井上・大野・北川・幸村著『経済のしくみと制度（第 3 版）』（多賀出版，2015）の第10章で，関数の概念や関数とグラフが，経済を考える上でどのように必要となるのかを紹介しています。

えていなければならないものです。

　3つ目のフローでもストックでもないものというのは，ほとんどは比率の概念に基づく経済変数で，例えば価格，利子率，為替レートなどです。価格は貨幣と財・サービスの交換比率であり，利子率は現在の資金と将来の資金の交換比率です。また，為替レートは異なる通貨の交換比率になっています。

　本章で例として取り上げたトマトの市場は，ミクロ経済学のモデルの例ですが，理論モデルの雰囲気はわかってもらえたと思います。マクロ経済学の場合は，1つの国全体で集計された経済変数を取り扱うため，トマトの市場のように単純にはいきません。1つの国全体という大きな経済活動の中で，経済変数として何を抽出すべきか，どのような種類の経済主体を考えたらよいか，など全く雲をつかむような話に見えますが，順序だてて根気良く考えていけば，だんだんと形になっていきます。まず，しっかりとしたマクロ経済全体のイメージを固めておくことが必要です。さあ，マクロ経済理論モデルづくりの第一歩を踏み出しましょう。

アドバンス

市場調整のメカニズム（ワルラス的調整とマーシャル的調整）

　本章で取り上げたトマトの市場の理論モデルにおいて，ある価格に対して超過需要（需要量＞供給量）ならば，価格が自然に上昇し，超過供給（需要量＜供給量）ならば，価格が自然に下落するという前提が述べられていました。これは市場調整の中でワルラス的調整と呼ばれているものです。図4の(a)を見てください。市場にせり人（オークショニアー）のような人がいて，まず市場に向かって例えば P_0 のような価格を叫び（コール）ます。P_0 では需要量＜供給量という状況であることがわかりますので，次にせり人は P_0 よりも低い価格を叫びます。こうして，せり人は市場が均衡するまで価格を叫び続けることになります。市場に実際にせり人がいる場合もありますが，ほとんどの市場にはせり人はいません。しかし，市場にはもともとせり人がいるかのように調整される機能が備わっているのだと考えます。このような市場の機能は，よく「見えざる手（Invisible Hand）」と表現されます。

　しかし，これとはまったく異なる市場調整のメカニズムがあります。図4(b)を見てください。企業がある生産量を生産したとき，それに対応する需要曲線上の点に

対応する価格を需要価格と言い，供給曲線上の点に対応する価格を供給価格と言います。需要価格＞供給価格ならば企業が生産を増加させる（逆の場合は逆）という調整の仕方を，マーシャル的な調整と呼びます。ワルラス的調整では，市場の需要曲線と供給曲線は，ある価格に対して，それぞれ人々がどれだけ欲しいか，どれだけ生産したいかということを表していました。マーシャル的調整の世界では，ある生産量に対して，需要曲線は，人々がどのくらいの値段で買いたいかということを示しており，供給曲線はそれをどのくらいのコストで作れるかということを示しています。ワルラス的調整の世界では，需要供給ダイアグラム（×印の形をしたグラフ）は，市場そのものの機能を表しているのに対して，マーシャル的調整の世界では企業行動のための情報を表していると言うことになります。現在のミクロ経済学では，ワルラス的な市場観が主流ですが，マクロ経済学の理論では，例えば本書の後の章で出てくるケインジアンモデルを理解するためには，マーシャル的な見方を頭の中に置いておく必要があります。難しい話になってしまいましたが，ミクロ経済学やマクロ経済学を一通り学習した後にもう1度読み返してみてください。味わい深い話だと感じることと思います。

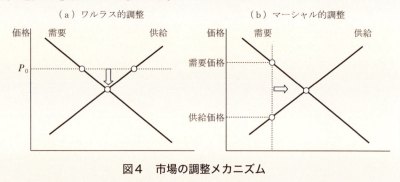

図4　市場の調整メカニズム

本章のまとめ

1. マクロ経済学は一国全体の経済現象を考察することを目的として構築されてきた経済理論です。
2. 一般に**理論モデル**は，**経済主体**の特定，**経済変数**の抽出，**行動様式**の設定，**経済変数の値の決定**など（例えば**均衡**）という4つのプロセスを経てつくられます。抽出した経済変数のうち，モデルの中で値が決定されるものを**内生変数**，そうでないものを**外生変数**と言います。内生変数や外生変数を結びつける規則を規定しているものが**パラメータ**です。経済理論モデルの多くが**市場（しじょう）**を対象にしてつくられますが，そこでは経済変数の値は，需要量と供給量

が等しくなる状態（**市場均衡**）のもとで決定されます。また，外生変数の値を動かして**モデルを操作する**と，行動様式を表わす関数などが，まるごと移動（シフト）することになります。

3．マクロ経済全体では多数の財サービスが取引されていますが，あたかも一つの財（合成財）が取引されているかのような虚構を行なうことによって理論モデルを構築していきます。このような合成財の価格を**一般物価水準**（物価）と言います。

4．経済理論モデルの多くは，その論理構造を数学の助けを借りることによって表現しています。したがって，理論の学習にはある程度の数学の知識は欠かせません。また，マクロ経済学で取り扱う経済変数の種類としては，一定期間の数量を表わすフローと，ある時点の残高を表わすストックと，そのいずれでもないもの（価格や利子率などの比率を表わすもの）をそれぞれ区別しておくことが重要です。

《練習問題》

問1：以下の文章の ☐ の中に入る最も適当な語句を末尾の語群から選びなさい。

経済理論モデルは，登場人物である (1) の特定，および重要と思われる (2) の抽出を行ない，さらに (1) の (3) を設定し，最後に (2) の値を決定するという4つのプロセスで作成されます。抽出した (2) のうち，モデルの中で値が決定されるものを (4) ，そうでないものを (5) と言います。これらを結びつける規則を規定しているものを (6) と言います。

A 経済変数	B 経済主体	C 行動様式
D パラメータ	E 内生変数	F 外生変数

問2：次の経済変数のうちフローであるものにはF，ストックであるものにはSをつけなさい。
(1) GDP　　(2) 投資　　(3) 資本　　(4) 貯蓄　　(5) 資産

問3：経済新聞の第1面などから，マクロ経済全体に関する記事を切り抜き，どんな用語が登場しているのかを拾い出してみましょう。

第1章

マクロから見た経済－何に注目したらよいか

マクロ経済全体をどのように捉えれば理論モデルに到達することができるのか。本章では，マクロ経済の理論モデルを構築する前提となる経済全体の把握の仕方について学習していきます。本章の内容は，いわばマクロ経済学が持っている一つの世界観への招待です。

本章で学習すること

1．マクロ経済学では経済主体をどのように分類しているのかを学びます。
2．マクロ経済全体のモノとカネの流れを，政府と海外が存在しない単純なケースについて学習し，三面等価の原理を理解します。
3．マクロ経済全体でモノとカネがどのように流れているのかについて，政府と海外を含めたより完全な姿で学習し，総需要の構成要素について理解を深めていきます。
4．財・サービス市場で成立する基本的な関係が，マクロ経済理論モデルを構築するための最も基本的な式であることを学習します。

1．マクロ経済の中の経済主体

まず，マクロ経済モデルづくりの第一歩として，どんな経済主体を取り上げればよいかについて考えていきましょう。前章の需要と供給のみのモデルでは，生産者（供給主体）と購入者（需要主体）という2種類の経済主体だけしか考えませんでした。しかし，これでは何か物足りない気がします。このような分け方だと，政府がどのような政策をとればよいか，あるいは経常収支（海外との間での財・サービスの取引の状況）が赤字になったり黒字になったりするメ

カニズムなどが分析できないからです。そこでマクロ経済学では，経済主体を家計，企業，政府，海外の4つに分類します。これらの4つの主体は異なる行動原理によって行動していると考えられるからです。詳しいことはミクロ経済学で勉強することになりますが，家計は自分の満足度（経済学では効用と言います）を最大にするように行動しており，企業は利潤を最大にするように行動し，政府は公共的な目的に基づいて行動しています。海外というのは，日本以外の全ての国を1つの経済主体として一くくりにするという擬制を行なったもので，もちろんそれぞれの国が，日本とは独立した目的で行動をしていると考えることができます。これらの経済主体はそれぞれお互いにどのように関係し合っているのでしょうか。以下で詳しく調べていきましょう。

2．経済主体間の財・サービスのながれ（単純なケース）

まず，話をわかりやすくするために，企業と家計の2つの経済主体しかない場合の関係について考えていきましょう。企業がモノを生産するということはどういうことでしょうか。経済学でいう生産活動とは，人間の力や機械の力などを使って原材料の価値を増加させることを意味しています。例えば，パン屋さんが100万円で仕入れた小麦粉を，ヒトの手や機械を使って加工してパンを作ったとします。パンは全部で120万円で売れたとします。このときヒトの手や機械を使って小麦粉を加工することによって，20万円分の価値が付け加わったことになります。この20万円分を付加価値と呼びます。[1] つまり，モノを生産するということは，人間の力（労働サービス）や機械などの設備の力（資本サービス）を使って付加価値を生み出すことに他なりません。[2] 生産に用いるサービスを生み出している労働力や資本を生産要素と言います。上の例では触れま

---

[1] 　付加価値の正確な定義や GDP との関係については，井出・井上・大野・北川・幸村著『経済のしくみと制度（第3版）』（多賀出版, 2015）の第1章および第2章を参照してください。

[2] 　ここで注意しておかなくてはならないのは，「資本」という言葉は，日常生活の中でしばしば経済学とは異なった意味で使用されているということです。経済理論では，「資本」という言葉は生産（付加価値を生み出すこと）に寄与する物的な設備（ブランドや知識などの

第1章　マクロから見た経済－何に注目したらよいか　21

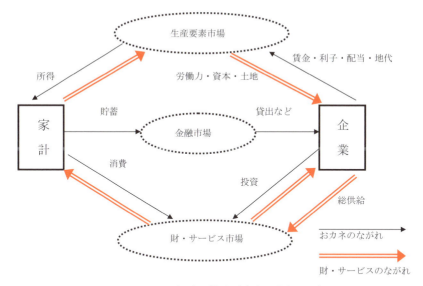

図1-1　マクロ経済の構造（政府，海外なし）

せんでしたが，実は生産要素にはもう1つ重要なものとして土地があります。ほとんどの企業ではモノを生産するために労働力，資本のほかに土地を必要とします。しかしながら，最近のインターネットを利用したビジネスでは，取引などを行うための場所として必ずしも物理的な土地は必要ではなく，インターネットで形成されたバーチャルな空間上に一定の位置を占めていればよいと考えられます。（このように考えると，生産に必要な要素は，労働力，資本，空間と言った方がより適切なのかもしれません。）

　図1-1を見てください。家計は企業に対して労働力や資本，土地などの生産要素を提供しています。企業はそれらが生み出すサービスを用いて，財やサービスを生産しています。企業は家計に対して，生産要素が生み出すサービスの見返りに，賃金，利子（資本賃貸料），地代などを支払います。[3]　このような取引

　　無形のストックを含めることもある）を指しますが，日常用語では生産設備を購入するための資金を指すことがよくあり，また会計学などでは経済学とは異なる概念で使用されています。
[3]　労働力，資本，土地などはストックの概念ですが，生産はフローの概念です。（例えば，

をしている場を頭の中で想定したものを**生産要素市場**と呼んでいます。一方で，企業の方は，生産した財やサービスを財・サービス市場に販売（供給）していくことになります。財・サービス市場でこれらを購入する（需要する）のは誰でしょうか。また，どんな動機にもとづいて購入するのでしょうか。順番に見ていきましょう。

　まず家計から見ていきましょう。家計が受け取った賃金，利子，地代などは家計にとっては所得となります。これは生産要素が生み出すサービスの対価として分配されたものですから，分配所得とも呼ばれます。ここで注意して欲しいことが一つあります。分配所得の中には企業の利潤が含まれるということです。企業の利潤は，以下のように定義されます。

　　　　利潤＝総生産額－生産要素が生み出すサービスの対価(賃金, 利子, 地代)

したがって，分配所得は賃金，利子，地代，利潤の合計ですから，

　　　　分配所得＝総生産額

という関係がつねに成り立つことになります。

　所得を受け取った家計は，それをどうするでしょうか。家計は所得の一部を使って消費するための財・サービスを市場から購入します。消費に使われなかった所得は貯蓄と呼ばれます。家計が受け取った所得をどのように使うかを所得の処分と言います。上の例では，所得の処分は消費と貯蓄という形態をとることになります。消費は家計が現在の満足度（効用）を高めるために財・サービスを購入することですから，代金として支払われるおカネはそれぞれの財・サービスを生産した企業の手にわたることになります。所得のうち消費に使わな

「1ヶ月間に自動車が100台生産される」というような使い方をします。）したがって正確に言うと，生産に使用されるのは，生産要素が1ヶ月間に生み出すサービスであるということになります。(例えば，「1ヶ月間に自動車を100台生産するために，100人の労働者が1日あたり8時間働いた。」というような対応関係になります。）このように労働力，資本，土地が一定期間に生み出すサービスに対する対価が，賃金，利子（資本賃貸料），地代ということになるわけです。なお，本章では海外との間での，要素所得の受取や支払いはないものとして議論を進めていきます。

かったおカネを家計はどうするのでしょうか。現金を手元に置いておくこともあるでしょうが，大部分のおカネは金融資産の購入に当てられます。金融資産の購入とは，銀行におカネを預けたり社債や株式などの有価証券を購入したりすることです。すなわち，貯蓄の大部分は金融市場で運用されるということになります。

それでは金融市場に投下されたこれらのおカネは誰の手に渡るのでしょうか。それは，銀行がおカネを貸出す相手であり，また社債や株式を発行して金融市場からおカネを調達しようとする経済主体すなわち企業です。それでは企業は何のためにおカネを調達しなければならないのでしょうか。それは自分の生産活動のためにさまざまな財・サービスを購入（投資）しなければならないからです。マクロ経済学でいう**投資**とは，資本および（製品の）在庫を増加させることを指します。前者を**設備投資**，後者を**在庫投資**と言います。[4] ここで在庫投資についてひとつ注意しなければならないことがあります。在庫の増加には企業が計画して意図的に行なう場合と，企業が在庫の増加を計画していないのにたまたま在庫が増加してしまった場合（意図せざる在庫投資）があります。後者も事後的には（統計データ上では）投資として把握されます。資本や在庫はある時点における残高として表される経済変数ですからストックの概念ですが，それに対して投資は「1年間に資本がどれだけ増加したか」というようなフローの概念だということになります。

マクロ経済学では，「貯蓄」という言葉が，日常用語とは異なる意味で使われていることに注意してください。本文で述べているように，貯蓄も投資もフローの概念です。日常生活で，「私は現在，貯蓄が100万円ある」というような使い方をする場合がありますが，この場合の「貯蓄」という言葉はマクロ経済学で用いられる「貯蓄」とは違っています。このような言い方をした場合の「貯蓄」という言葉はストックを意味しています。上のような意味のことを正確な経済学の用語で言うと，「私は現在，資産が100万円ある」ということになります。経済学で「資産」という言葉を用いるときは，つねにストックを意味しています。

---

[4] 投資にはもう一つ住宅投資がありますが，投資を企業行動に限定して話を単純にする必要から，ここでは住宅投資を除いて議論を進めています。

さて，最後にもう一度財・サービス市場に目を向けてみましょう。ここまで話を進めてくると，読者のみなさんには，企業が生産して市場に供給した財・サービスを，誰が何のために購入しているかがはっきりと解かると思います。財・サービスを購入しようとしている人（需要者）は，家計と企業の2種類です。家計は消費するために財・サービスを需要し，企業は投資のために財・サービスを需要しています。財・サービス市場に向かっているすべての需要を合計したものを**総需要**と言いますが，この節で取り上げた政府も海外も存在しない単純なケースでは，総需要は消費と投資の2つから構成されているということになります。総需要は事前の計画を意味する概念ですが，事後的なおカネの流れという観点から見れば，財・サービスを購入することはおカネを支出することですから事後的に実現したものは**総支出**と呼ばれます。

投資に関する説明の際に注意点として述べておきましたが，事後的には在庫の変動は計画されたものであろうと計画されないものであろうとすべて投資の中に含まれます。したがって，市場で財・サービスが売れ残ったり（在庫の増加），企業の計画を超えて在庫が減少したりしても，それらは事後的にはすべて投資として計算されます。このため事後的にはつねに

　　　総生産額＝総支出額

という関係が成立します。すでに述べたように，総生産額は分配所得とつねに等しいわけですから

総生産額＝分配所得＝総支出額

という関係が成り立っていることが解かると思います。この関係を**三面等価の原理**と言います。これは国内総生産（Gross Domestic Product, GDP）を生産，分配，支出の3つの側面から捉えたものに他なりません。ただし，重ねて注意しておきますが，この関係は事後的に統計データ上成り立っている関係であるということを頭の中に入れておいてください。事前の計画された総需要額と総生産額はつねに一致するというわけではありません。

3. マクロ経済におけるモノとカネの循環

　前節では，経済主体の中に政府と海外が含まれない単純なケースを扱ってきました。ここでは経済全体に関するモノとカネのながれについての理解をより完全なものにするために，政府と海外を含めたより現実に近い姿を想定してみましょう。

　図1-1と同じような考え方で政府と海外を入れて経済全体の循環図を描くと，図1-2のようになります。話を解かりやすくするために具体的な数字を入れて考えてみましょう。まず，企業は全体として総額100兆円の財・サービスを生産し，それを市場に供給したとしましょう。図2-2では，企業から財・サービス市場に向けて「総供給100」と表示された矢印で表されています。同時に賃金や地代などとして総額100兆円が生産要素市場を通じて家計に分配されます。[5] ここで家計は総額100兆円の所得を得たことになります。さて，家計の100兆円の所得はどのように処分されるでしょうか。政府の存在を明示的に考えた場合には，家計は政府に所得税を支払わなければならないことを考慮することになります。支払われる所得税の総額を仮に15兆円としましょう。そうすると100兆円の所得から15兆円の所得税を差し引いた85兆円が家計の手元に残ります。このように所得から税金等を差し引いた残額を**可処分所得**と言います。家計は85兆円の可処分所得を消費と貯蓄に振り分けることになります。仮に家計が60兆円消費したとすると残りの25兆円が貯蓄されることになります。所得の処分という観点からは以下のような式が成立しています。

　　　　分配所得100＝消費60＋貯蓄25＋税15

　次に貯蓄された25兆円の行き先について考えてみましょう。家計の貯蓄は金融市場を通じて様々な経済主体に流れていきますが，実は金融市場における資

---

[5]　政府を入れてマクロの循環を考える場合には，本来ならば法人税を考えなければいけませんが，ここでは話を必要以上に複雑にしないために，法人税は存在しないものとして議論を進めています。

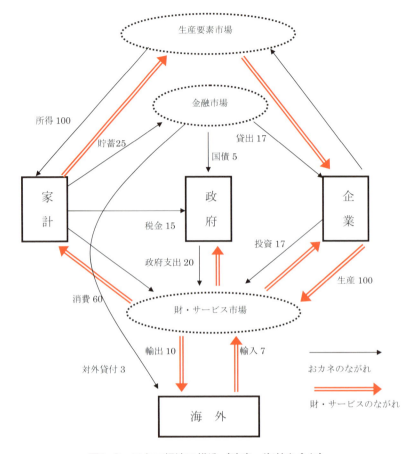

図1-2 マクロ経済の構造（政府，海外を含む）

金の流れ方は，どの経済主体が赤字部門であり，どの経済主体が黒字部門であるかに依存します。[6] ここでは話を簡略化するために，家計のみが黒字部門で，他の企業，政府，海外はすべて赤字部門であると仮定して数字を入れてあります。金融市場を通じて企業に貸出17兆円，政府に国債5兆円，海外に対外貸付3兆円がそれぞれ貸出などを通じて流れている様子が描かれています。

---

[6] 黒字主体（資金余剰主体）と赤字主体（資金不足主体）と金融市場の関係については，井出・井上・大野・北川・幸村著『経済のしくみと制度（第3版）』（多賀出版，2015）の第3章を参照してください。

第1章　マクロから見た経済－何に注目したらよいか　**27**

　次に政府の行動について見ていきましょう。[7]　政府は公共事業などを行なうために20兆円を支出することを決めたとしましょう。このとき，所得税として徴収した政府の収入は15兆円しかありませんから5兆円分資金が不足することになります。この不足分を補うために，政府は国債などを発行して金融市場から資金を調達してきたわけです。式で表すと

　　　政府の税収15＋新規国債発行額5＝政府支出20

というようになります。このように政府の収入と支出のバランスを表す式を**政府予算制約式**と呼んでいます。政府支出が税収を上回る場合には政府部門は赤字であるといい，（政府支出－税収）を政府赤字と言います。[8]

　もう一つ新たに付け加わった経済主体である海外部門についてはどう考えればよいでしょうか。海外部門は全体として日本から3兆円借り入れています。この3兆円はどのように使われているのでしょうか。モノの流れで見ると，日本は海外部門に10兆円輸出し，海外部門から7兆円輸入しています。これを海外部門の側から見ると，日本に10兆円を支払い，日本から7兆円を受け取っているということになります。つまり差し引き3兆円の支払い超過になっています。したがって，海外部門は日本に3兆円の支払いをするために日本の金融市場から資金を調達していると考えることができます。

　最後に財・サービス市場に目を転じてみましょう。日本国内で生産された100兆円と海外から輸入した7兆円の合計107兆円の財・サービスが，市場に供給されていることが解かると思います。ではこの107兆円を誰が何のために購入しているのでしょうか。まず家計が消費するために60兆円分購入しています。さらに企業が投資するために17兆円分購入し，政府が公共事業などを行なうため

---

[7]　ここで言う政府の中には，国の中央政府だけでなく地方政府も含まれます。したがって所得税には住民税なども含まれ，国債などの中には地方債なども含まれていると考えてください。政府の予算や税金の詳細については，井出・井上・大野・北川・幸村著『経済のしくみと制度（第3版）』（多賀出版，2015）の第5章および第6章を参照してください。

[8]　政府支出が税収より少ない場合には政府部門が黒字であると言います。この場合には政府は金融市場において資金の出し手になります。理論的には政府黒字をこのように定義することができますが，政府の役割を考えれば，政府が恒常的に黒字である（税金の取り過ぎという状態を続けている）というような状況は，現代ではほとんど考えられません。

の政府支出として20兆円分購入しています。そしてもう一つは日本から海外への輸出が10兆円あるということですから，海外部門の側から見ると，日本から10兆円分の財・サービスを購入しているということになります。これらの各経済主体が購入した財・サービスの総額は107兆円となり，市場に供給された財・サービスの総額と一致していることを確かめることができます。

　ここで注意しなければならないことが一つあります。総生産額と総支出額が等しいという関係を考える場合には，あくまで日本の国内総生産（GDP）である100兆円を基準にして考えます。このため海外部門の支出額を，輸出額そのものではなく，輸出額から輸入額を差し引いた**純輸出**額で考えます。[9] 海外から輸入された財・サービスは日本国内で生産されたものではありませんから日本の国内総生産（GDP）には含まれませんが，日本の財・サービス市場に供給され，消費，投資，政府支出の中に輸入された財・サービスが含まれているために，このような処理を行なうわけです。図2-2の例では純輸出は，輸出額10兆円から輸入額7兆円を引いた3兆円であるということになります。したがって総支出額を計算すると以下のようになります。

　　　総支出額100＝消費60＋（事後的な）投資17＋政府支出20＋純輸出3

このようにして計算された総支出額が，日本の国内総生産である総生産額100兆円と等しくなることが確認できると思います。

マクロ経済全体のモノとカネの循環について，理解を深め自分の知識を確認するために次のような問題を考えてみましょう。

確認問題
　ある国のGDPが200兆円，（事後的な）投資額が50兆円，政府支出が20兆円，純輸出が10兆円，となっているものとする。この国の消費額はいくらか求めなさい。

---

[9] 純輸出は経常収支と非常に近い概念です。本章の議論のように海外との間で要素所得の受取や支払いがないと仮定し，さらに無償の財やサービスの移転がないと仮定すれば，純輸出は経常収支と同じになります。経常収支に関する詳しい説明は，井出・井上・大野・北川・幸村著『経済のしくみと制度（第3版）』（多賀出版，2015）の第8章を参照してください。

第1章　マクロから見た経済－何に注目したらよいか　29

腕試し問題

ある国の GDP が200兆円，消費額が120兆円，政府赤字が10兆円，純輸出が10兆円，貯蓄額が50兆円，となっているものとする。この国の（事後的な）投資額はいくらか求めなさい。

[考え方と解答]

確認問題

GDP200＝消費？＋投資50＋政府支出20＋純輸出10

という関係があるはずですから，消費額は120兆円であることが簡単に計算できます。

腕試し問題

この問題では消費額だけではなく，政府支出の額も分かっていません。分かっているのは政府赤字の額です。したがって以下のような式にしかなりません。

GDP200＝消費120＋投資？＋政府支出？＋純輸出10

もう一つ32ページの所得の処分の式を思い出してください。

GDP200＝消費120＋貯蓄50＋税？

という式になります。そこで，（事後的な）投資を I_R，政府支出を G，税を T という文字で表して式を書いてみましょう。(高校時代まで連立方程式で慣れ親しんだ x や y という記号を用いてもかまいませんが，経済学の問題は，単なる数学の問題と違ってそれぞれの式の中の文字に意味を持たせるために，税 (Tax) を T で表したりします。)

$$200＝120＋I_R＋G＋10$$
$$200＝120＋50＋T$$
$$G－T＝10$$

となります。最後の式は，政府赤字が10兆円であることを表す式です。2番目の式から $T＝30$ が求められます。これを3番目の式に代入すると，$G＝40$ が求められます。最後に G の値の40を一番上の式に代入すると，$I_R＝30$ が求められます。

4．財・サービス市場におけるマクロの基本式

この節では，前節で述べた財・サービス市場に見られる関係を整理しておき

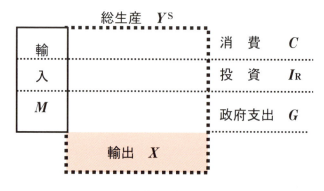

図1-3 総支出と総生産の関係

ましょう。財・サービス市場で成立する関係は、マクロ経済学で最も基本的でかつ最も重要な関係式を示しているからです。頭の中を整理しながら考えるために、まず図1-3を見てください。

　一国全体の国内総生産を Y^S という記号で表しましょう。図1-3では Y^S は太い点線で囲まれた部分の大きさで表されています。前節の例では Y^S の値は100兆円でした。また、輸出額を X、輸入額を M で表すことにしましょう。国内の財・サービス市場から X 分だけ海外に出ていき、逆に海外から M 分だけ入ってくるということになります。図1-3では X は色の部分の大きさで表されており、M は Y^S の左側にある長方形の大きさで表されています。したがって、(Y^S-X+M) にあたる分が国内の経済主体が購入することができる部分であるということになります。この部分は、家計が消費のために購入したり、企業が投資のために購入したり、政府が政府支出の対象として購入したりすることになります。消費額を C、事後的な投資額を I_R、政府支出の額を G、純輸出 $(X-M)$ を NX と表すと、次のような関係式が成立していることが分かると思います。

$$Y^S - X + M = C + I_R + G$$

この式を変形すると

$$Y^S = C + I_R + G + NX \tag{1-1}$$

という形の式になります。また，（1−1）式の右辺は事後的な支出の合計額（総支出額）を表わしていますから，これをE_Rと書くことにすると，

$$E_R = C + I_R + G + NX$$

となります。（1−1）式は，一国全体の国内総生産がどのような支出の対象になったかという総支出の構成要素をあらわしています。すなわち総支出は，消費C，事後的な投資I_R，政府支出G，純輸出NXという4つの構成要素に分解できるということを示しています。

　しかし，この式の意味はそれだけにとどまるものではありません。詳しくは第4章で述べますが，この式はマクロ経済理論モデルそのものへと発展していきます。投資には設備投資と在庫投資があり，在庫投資は事後的には企業が意図しない在庫の変動を含んでいることはすでに述べました。そのために総生産額Y^Sと事後的な総支出額E_Rは事後的な統計データの上では必ず等しくなっているわけです。[10]　しかし，事前に計画された総支出額（総需要）と総生産額（総供給）について考えようとするとこれまでとは異なる議論が必要になります。事前の計画段階で企業が行なおうとしている投資額をIとし，計画された総支出額（＝総需要）をEとすると，

$$E = C + I + G + NX$$

と書くことができます。後の章の議論を先取りして言うと，総需要Eは総供給Y^Sとつねに一致するわけではなく，均衡においてのみ一致するものです。

　単に財・サービス全体に対する総需要だけを分析の対象としていたのでは，その中身がはっきりしませんが，本節のように家計，企業，政府，海外というそれぞれの経済主体が，それぞれの目的に応じて支出を計画しているというように，総需要を分解して考えることによって，政府はどのような政策をとるべきか，家計の消費への影響はどのようなものか，企業の投資にはどのような影響をおよぼすか，などさまざまな問題に光を当てていくことが可能になってい

---

[10]　これは数学的な言葉で言うと，（1−1）式が恒等式であることを意味しています。

くわけです。

アドバンス

双子の赤字

　マクロ全体で成立している経済主体間の関係について理解を深めるためにもう少し議論を進めてみましょう。まず，本文の（1－1）式をもう一度掲載しておきます。この式はマクロ経済を見るための最も基本的な式になります。

$$Y^S = C + I_R + G + NX \qquad (1-1)$$

　次に，所得の処分について考えてみましょう。分配された所得は，消費 C，貯蓄 S，税 T の3つの形態で処分されますから，次のような式が成り立ちます。

$$Y = C + S + T \qquad (1-2)$$

また，三面等価の原理により次の式が成り立ちます。

$$Y^S = Y$$

Y^S と Y が等しいことを考慮しつつ，（1－1）式から（1－2）式のそれぞれの辺を引くと，次のような式になります。

$$(S - I_R) + (T - G) = NX \qquad (1-3)$$

この式の左辺の第1項は，民間部門の貯蓄が投資を超過する大きさ（貯蓄超過分）を表わしており，左辺の第2項は，政府部門の黒字分（政府部門の貯蓄超過分）を表わしています。(1－3) 式はつねに成立する式（恒等式）ですから，例えば，民間部門の貯蓄と投資がほぼバランスしているような場合に，政府部門が大幅な赤字であれば純輸出も大きな赤字になっていることになります。これは1980年代からアメリカ経済に継続して生じている現象で，よく「双子の赤字」と呼ばれたりします。ここで注意しておかなければならない重要な点として，(1－3) 式は恒等式であって何らの因果関係も主張していないということを覚えておく必要があります。「双子の赤字」の議論を行なう際に，この恒等式を背景として，「大幅な政府赤字によって経常収支が赤字化してしまっている」というように，左辺が原因で右辺が結果のように読まれることがありますが，論理的な議論であるとは言えません。このような主張を行なうためには，(1－3) 式のような恒等式を用いるのではなく，別の理論的なフレームワークが必要になります。

第1章　マクロから見た経済-何に注目したらよいか　33

■本章のまとめ

1．マクロ経済の理論モデルをつくるために，まず経済主体を**家計**，**企業**，**政府**，**海外**の4つに分類します。

2．企業は**労働力**や**資本**などの生産要素が生み出すサービスを用いて**付加価値**を生産しています。生産された価値は家計に分配されて分配所得となります。また，財・サービス市場に供給された生産物は，消費や投資などの支出の対象になります。このため，総生産額，分配所得額，総支出額が常に等しくなるという**三面等価の原理**が成立します。

3．政府や海外も含めてマクロ全体のモノとカネの循環を考えると，政府支出や**純輸出**（＝輸出―輸入）が総支出の項目に追加されます。また，分配された所得の処分を考えると，所得は消費，貯蓄，税の3つの形態で処分されていることになります。

4．総支出は，消費，事後的な投資，政府支出，純輸出の4つで構成されており，これが生産面からみた国内総生産（総供給）と等しくなります。しかし，**計画された総支出（総需要）**は，総供給とつねに等しくなるわけではありません。

── ■その他のキーワード■ ──

可処分所得　所得から税（および社会保険料など）を差し引いた残額。（詳しくは第3章のキーワードを参照。）

政府予算制約式　一定期間における政府の収入と支出のバランスをあらわす式。

《練習問題》

問1　以下の文章の　　　　　の中に入る適当な語句を，末尾のA〜Nの中から選んで文章を完成させなさい。

　　(1)　は　(2)　に，労働サービスや資本サービスなどを提供し，その対価として　(3)　や地代などの報酬を受け取ることになり，これが(1)の所得となる。このような取引を行なっている市場を，　(4)　と言う。所得のうち税金などを支払った残りを　(5)　と言う。(5)の一部は　(6)　となり，残りは　(7)　となる。(6)は財・サービスを　(8)　することであり，財・サービス市場で支出される。また，(7)は，　(9)　市場を通じて資金が不足している主体に貸し出されたりする。貸し出しを受けた(2)は，この資金を用いて　(10)　を行なう。これも財・サービスに対する(8)である。(2)が生産した生産物は財・サービス市場に　(11)　されており，(8)の合計と(11)が等しくなることが財・サービス市場が　(12)　するということである。

A	需要	B	供給	C	消費	D	投資	E	貯蓄
F	利子	G	賃金	H	金融	I	均衡	J	家計
K	政府	L	企業	M	可処分所得		N	生産要素	

問2 ある国の GDP が 500兆円，（事後的な）投資額が70兆円，政府支出が80兆円，純輸出が10兆円，となっているものとする。この国の消費額はいくらか。

問3 ある国の GDP が 500兆円，消費額が400兆円，政府赤字が10兆円，純輸出が10兆円，貯蓄額が50兆円，となっているものとする。この国の（事後的な）投資額はいくらか。

問4 ある国の GDP が 300兆円，消費額が200兆円，（事後的な）投資額が30兆円，純輸出が10兆円，貯蓄額が50兆円，となっているものとする。この国の政府は赤字であるか黒字であるか。またその額はいくらか。

第2章

データからみた日本経済

　マクロ経済の理論モデルには，家計，企業，政府，海外の4経済主体が登場し，これらの経済主体は財・サービス市場や貨幣市場を通じて，モノやカネの取引を行います。本章では，特に家計と企業の経済活動をとらえる上で重要となる消費支出と投資支出，および貨幣量の3つのデータに注目し，それらの特徴をまとめ，さらにこれら3つのデータと所得，利子率との相互関係を現実のデータをもとに確認します。次章からはマクロ経済の理論モデルを構築します。その前に，主要なマクロ経済データのあいだの関係を直感的に理解する助けとして下さい。

本章で学習すること

1. 国内総支出のデータをもとに，国内の経済活動を需要側から分析します。
2. 消費と所得との関係（第3章），投資と利子率との関係（第6章），貨幣需要と所得および利子率との関係（第7章）をデータにもとづいて確認し，次章から構築するマクロ経済理論を直感的に理解する助けとします。

1．財・サービス市場のデータ

（1）支出側からみたマクロ経済

　第1章で説明したように，投資には計画されたものと事後的なものがあります。ここでは全て事後的なものだけを扱います。表2-1は，2004年度と2018年度について，日本の国内総生産（Gross Domestic Product, GDP）を支出側の項目で

分類・比較したものです。民間最終消費 C は，主に家計の支出で，両年とも国内総生産の60％弱を占めていて，量的にもっとも重要です。ニュースで「民間消費の落ち込みによる景気悪化」などと発表されることがあるように，大きなウエイトを占める消費の増減は，景気に大きく影響するのです。

投資 I は，民間住宅，民間企業設備，および，民間在庫変動への支出から成り立っています。投資 I は，両年度共に GDP の20％程度でした。

政府支出 G は，政府（中央政府ならびに地方政府）が景気対策のように，経済政策上変動させることのできる支出の総称です。これには，政府の経常的支出である公務員の給与等に現物社会給付等を加えた「政府最終消費支出」，道路や公園，病院など公共施設である**社会資本**（インフラとも呼ばれます）を整備するための支出である公共投資などの「公的固定資本形成」，さらに，少額ですが「公的在庫変動」の3つから成り立っています。[1] 政府支出 G の GDP に対する比率は両年度とも25％程度ですが，その内訳で言えば，「公的固定資本形成」が低下しているのに対し，「政府最終消費支出」は増加していることが分かります。

輸出 X から輸入 M を差し引いた純輸出 NX は，両年度ともマイナスで輸出が輸入を下回っています。差額としての純輸出は小さいですが，輸出も輸入もそれぞれの対国内総生産比率で言えば2018年度にはそれぞれ約17％と約18％で，投資の割合に匹敵するものになっています。しかもこの間，どちらもそれぞれ5％と約4％程度増加しています。つまり，日本企業のグローバルな活動を反映して，輸出や輸入そのものは大きく伸びてきていると言えます。

インフラの整備にどうして税金が必要なのでしょう
インフラは，インフラストラクチャー（Infrastructure）という英語を略したものです。道路や病院などは公共の利益のために必要な施設ですが，多大な初期投資を必要とする反面，収益のリスクが大きいことなどから，収益性を重視する民間の事業として成り立ちにくく，政府や公的機関

---

[1] 社会給付とは主に，病院の治療費などの医療保険による給付金や失業者が受け取る失業保険給付金で構成されます。

第2章　データからみた日本経済　37

表2-1　実質国内総生産（支出側）の内訳とその推移

番号	項　目	記号	2004 年度 兆円	2004 年度 構成比 %	2018 年度 兆円	2018 年度 構成比 %
1	民間最終消費支出	C	277.10	(　57.0)	300.20	(　56.1)
2	投資	I	94.49	(　19.5)	104.27	(　19.5)
	民間住宅		20.10	(　4.1)	15.35	(　2.9)
	民間企業設備		72.74	(　15.0)	87.38	(　16.3)
	民間在庫変動		1.65	(　0.3)	1.55	(　0.3)
3	政府支出	G	122.70	(　25.3)	132.34	(　24.7)
	政府最終消費支出		92.03	(　18.9)	107.37	(　20.1)
	公的固定資本形成		30.66	(　6.3)	24.94	(　4.7)
	公的在庫変動		0.01	(　0.0)	0.03	(　0.0)
4	財貨・サービスの純輸出	NX	−8.51	(　−1.8)	−1.93	(　−0.4)
	輸出	X	59.58	(　12.3)	92.63	(　17.3)
	（控除）輸入	M	68.09	(　14.0)	94.56	(　17.7)
計 1 ～ 4	国内総生産（支出側）	Y	485.78	(　100.0)	534.88	(　100.0)

出所：内閣府国民経済計算（GDP統計）統計表一覧（2019年1-3月期2次速報値）実額・実質年度
https://www.esri.cao.go.jp/jp/sna/data/data_list/sokuhou/files/2019/qe191_2/gdemenuja.html, 2019年7月28日閲覧

がその建設，運営，確保を担ってきました。その費用の多くは，各種税金などを財源とする公共投資で賄われてきたのです。

　長期的には，経済成長や安全で豊かな国民生活のための基盤として，社会資本の整備は重要です。また短期的には，総需要の不足を補うという景気対策の効果ももっています。

　従来，その建設・管理・運営は，中央・地方政府や公的機関が直接実施する以外にも，第三セクターと呼ばれる政府と民間が公的施設の建設運営を目的として共同で設立する会社によって行なわれてきました。バブル経済崩壊後，第三セクターの中には巨額の累積赤字で破綻するものも出てきました。政府や公共機関も膨大な財政赤字に苦しんでいます。そこで，インフラ整備を効率よく進めるため，民間の資金と技術を活用し，競争原理を導入して効率性を重視したPFI（Private Finance Initiative）による実施が進められています。PFIは1960年代に英国のサッチャー政権で導入され，諸外国では刑務所や病院などで一定の成果を挙げています。

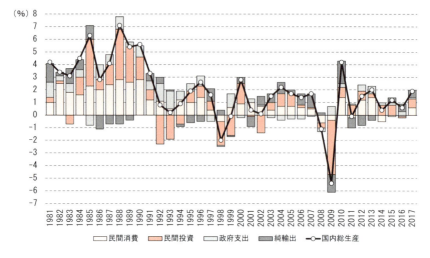

図2-1　日本の実質経済成長率の分解（寄与度）

出所：内閣府「国民経済計算年報」より著者作成。1999年までの期間は2009年度国民経済計算（暦年，実質，2000年基準・93SNA）を，それ以降は2017年度国民経済計算（暦年，実質，2011年基準・2008SNA）から得た国内総生産の成長率と各項目の寄与度を利用。
https://www.esri.cao.go.jp/jp/sna/data/data_list/kakuhou/files/files_kakuhou.html，2019年7月20日閲覧

（2）経済成長率と総需要の変化

　前節では各項目の比率を概観しましたが，次に，各項目の変化が総需要の変化にあたえる影響を調べましょう。経済成長率は，総需要である（正確には総需要に等しい）国内総生産 GDP の変化の割合ですから，需要を項目別に分解することによって，各項目が全体の経済成長にどの程度貢献（寄与）しているかを知ることができます。このように全体の成長率に与える影響を項目別に分解したものを寄与度と呼びます。

　ここでは，それぞれの年の市場価格で測った成長率ではなく，インフレ（あるいはデフレ）を考慮した「実質」成長率を分解します。図2-1は，1981－2017年の成長率を分解したものです。折れ線グラフが実質経済成長率です。プラスの影響をもたらした各項目の影響を積み上げた棒グラフの高さから，マイナスの影響をもたらした項目の影響を足すと，折れ線グラフの値と一致します。

第 2 章　データからみた日本経済　39

表2-2　実質経済成長率と寄与度の数値例

	経済成長率	民間消費	民間投資	政府支出	純輸出
1988年	7.1%	2.8%	4.0%	1.0%	−0.7%
2009年	−5.4%	−0.4%	−4.3%	0.7%	−1.4%
2017年	1.9%	0.6%	0.7%	0.1%	0.6%

出所：図2-1と同じデータから著者作成。

　図2-1を見ると経済成長率[2]は，1980年代中ごろから高まり，とくにいわゆるバブル経済ただなかの1988年に 7 ％を超え，1991年のバブル経済崩壊から次第に低下しています。また，1991年以降の「平成不況」期でも成長率はかなり変動し，1996年には 2 ％を超えたことがわかります。2003年から景気は好転しましたが，世界的金融危機のため2008年から2009年にかけて急激に悪化しました。

　総需要の項目別にみると，1980年代後半のバブル経済の立役者は投資 I と消費 C であったことがわかります。特に投資は1991年以降の景気後退期でも，マイナスの影響をもたらしたりプラスの影響をもたらしたりと，変化が激しいことがわかります。一方，民間消費 C は，1980年代にはプラスへの寄与度は高く，また1998年や2008年から2009年にかけての景気後退期にはマイナスの貢献をしていますが，投資と比較すると，その変動は比較的限定的だといえるでしょう。政府支出 G の影響は比較的小さいですが，1993年や1999年には政府支出の拡大が景気の落ち込みを抑えている（「景気の下支えになっている」）ことがわかります。また，2002年以降は純輸出の影響が相対的に高まり，経済成長率の動向を左右するものになっています。特に，2009年の景気悪化は世界的不況のため輸出が大幅に落ち込んだことにより純輸出の寄与度がマイナス1.4％に

---

[2]　経済成長率には，物価の考慮の有無で大別すると，名目成長率と実質成長率があり，計算方法で大別すると，対前期比成長率と対前年同期比成長率があります。実質化の方法や計算方法などは，井出・井上・大野・北川・幸村著『経済のしくみと制度（第 3 版）』（多賀出版，2015）第 2 章を，寄与度の説明と計算方法は，同書第 9 章を参照してください。

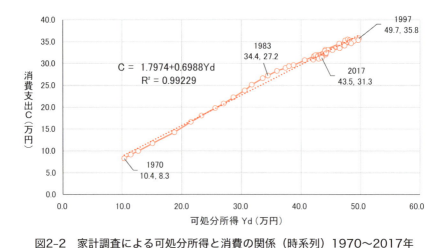

図2-2 家計調査による可処分所得と消費の関係（時系列）1970～2017年
出所：総務省統計局『家計調査』2人以上世帯,農林漁業を除く,全国,勤労者世帯。傾向線は著者推計。

なったこと，そのため，民間投資がマイナス4.3％になったことを反映しています。以上から，経済成長率を変化させる大きな要因は投資で，消費は比較的限定的な効果をもっていること，そして日本経済のグローバル化で輸出の影響が高まっていることがわかりました。

（3）消費支出と可処分所得

　第3章で詳述される消費と可処分所得（＝所得－税金・社会保険料）の関係を，実際のデータで確認しましょう。図2-2は，『家計調査』（総務省）のデータ（名目値）をもとに，1970－2017年の全国の勤労世帯の消費支出 C と可処分所得 Y_d の関係を「散布図」というグラフにしたものです。[3]　図の横軸が可処分所得で，縦軸が消費です。各点は，実際に観測された各年の消費と可処分所得の組み合わせを表しています。たとえば1983年の点は，横軸を見ると可処分所得が

---
[3]　散布図については，井出・井上・大野・北川・幸村著『経済のしくみと制度（第3版）』（多賀出版，2015）第10章を見てください。

34.4（万円/月）で，縦軸をみると消費が27.2（万円/月）であったことがわかります。明らかに，可処分所得が増えると消費が増えるという傾向が読み取れます。

　グラフの直線（点線）は，この関係を消費関数という直線の式で近似したものです。[4] 傾き b の値が0.6988ですから，可処分所得が1万円増えると，消費は6,988円増えることがわかります。また，可処分所得と無関係な消費は17,974円です。直線は，実際に観察された各年の点のばらつきの特徴をかなりよく捉えているものの，各点は必ずしも直線上に位置していません。たとえば図2-2の1983年の点は直線より上に，2017年の点は直線より下にあります。直線より上にあれば，可処分所得と消費の平均的関係より実際の消費が大きかったことを意味し，下にあれば小さかったことになります。このような近似した直線からのばらつきには，いわゆるバブル期前後やその後の不況期など，時間を通じた規則性がありそうで，可処分所得以外にも消費に影響する要因があると考えられます。

（4）民間投資とは

　民間投資支出は，企業部門による設備投資と在庫投資への支出と，家計部門による住宅投資への支出の合計です。近年の日本の民間投資支出は国内総生産の2割程度の規模で安定しています。国内総生産に対する比率からすると，前節で扱った民間消費支出の6割弱に遠く及びません。しかし図2-1（日本の実質経済成長率の分解）からも明らかなように支出額の変化が激しいため，経済成長率の変動，つまり景気循環への寄与という視点からは，とても重要な要因です。

---

[4]　このように，実際に得られた2種類のデータを用いて，それらのデータの関係を一定の統計的方法で1本の直線に代表させることが出来，その直線を回帰直線と呼びます。詳細は井出・井上・大野・北川・幸村著『経済のしくみと制度（第3版）』（多賀出版，2015）第10章を参照してください。

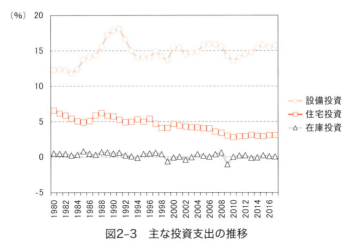

図2-3　主な投資支出の推移

出所：図2-1と同じデータから著者作成。

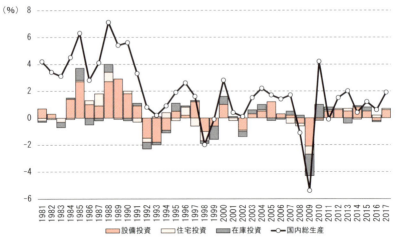

図2-4　経済成長率と民間投資の項目別の寄与度

出所：図2-1と同じデータから著者作成。

　民間投資支出のなかで最も比率が高い設備投資は，企業が事業にもちいる設備に対して行う投資のことで，過去30年間，国内総生産の15％前後で推移しています（図2-3）。次に比率が高いのが住宅投資。これは居住用の建築物を新築，あるいは増・改築するための投資であり，過去30年間，すう勢的に低下してい

第2章　データからみた日本経済　43

ます。あとひとつが在庫投資で，これは原材料在庫，仕掛品在庫（作りかけの製品），製品在庫（出荷待ち状態の製品），流通在庫（小売店などが抱える製品）から構成されます。国内総生産に対する比率はかなり小さいのですが，景気循環に対して敏感に反応するため，鉱工業指数の在庫率指数などは景気動向指数にも採用されています。

図2-4は経済成長率への民間投資支出の寄与度を，3つの構成要素についてさらに分解したものです。寄与度は，構成比率と変化率の積で計算されるため，比率が一番大きい設備投資の寄与度が顕著で，次が住宅投資，在庫投資の順になっています。このことから，設備投資の寄与度は変動幅も大きいため，景気を左右する重要な要因であることが確認できます。

表2-3　実質経済成長率と寄与度の数値例

	経済成長率	民間投資	設備消費	住宅投資	在庫支出
1988年	7.1%	4.0%	2.7%	0.7%	0.6%
2009年	−5.4%	−4.3%	−2.1%	−0.6%	−1.6%
2017年	1.9%	0.7%	0.6%	0.1%	−0.1%

出所：図2-1と同じデータから著者作成。

（5）設備投資と純投資収益率

では，何が設備投資の決定に影響を与えるのでしょうか。一般に，「アニマル・スピリット」（血気）と表されるように，企業がどれだけ設備投資を行うのか，は企業経営者の勘に依存する部分が大きいとも言われます。経営者が将来の自社製品への需要についてどのような予想を立てているのかといった類のデータは入手できません。そこで代わりに，現時点で保有している資産の収益率と設備投資との関係をみてみることにします。[5]

---

[5]　経済白書（1991）の1章4節の4の分析をもとに著者作成。経済白書では，デフレータを用いて実質化した設備投資額を利用しているが，ここでは法人企業統計から取得した名目値をそのまま利用。

図2-5　製造業の純投資収益率と設備投資伸び率

出所：財務総合政策研究所『法人企業統計調査』より著者作成。
https://www.mof.go.jp/pri/reference/ssc/index.htm, 2019年7月20日閲覧

　図2-5は，財務総合政策研究所『法人企業統計調査』から取得したデータから実物資産収益率と借入金利子率の差を計算し，設備投資の前年比増加率の動きと比較したものです。ここで実物資産収益率は，棚卸資産と有形固定資産に対する営業利益の比率とし，資本の収益率を表すものと考えます。また借入金利子率は金融機関とその他の借入金，社債，受取手形割引高残高に対する支払利息等の比率で定義し，借入コストを表すデータとします。したがって，純投資収益率（これらの比率の差）が大きい（小さい）ほど投資機会が高い（低い）と考えます。設備投資額には当期末新設固定資産合計の設備投資を使いました。データはすべて，法人企業統計調査から取得した製造業，全規模，当期末値です。

　図2-5からは設備投資と投資収益率とのあいだに密接な関係がみられます。91年初頭までの期間を分析した経済白書のなかでも，景気拡大期に純投資収益率が上昇に転じ，次に設備投資が増加に転じている現象が指摘されていますが，その傾向は90年代にも継続していることが図から読み取れます。

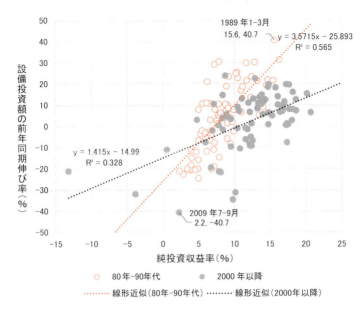

図2-6 製造業の純投資収益率と設備投資伸び率の関係の変化

出所：財務総合政策研究所『法人企業統計調査』より著者作成。
https://www.mof.go.jp/pri/reference/ssc/index.htm, 2019年7月20日閲覧

　図2-6はさらに期間を2017年まで延長し、横軸に純投資収益率を、縦軸に設備投資伸び率をとった散布図です。80年代から90年代の20年間に比べて、2000年以降のおよそ20年間の点は上下の幅が狭く、左右に広くちらばっています。この件は図中に記載した単回帰直線とその決定係数からも明らかです。前半は収益率が1％改善することで設備投資は3.5％伸びています。これに対して、後半は1.4％にとどまっており、決定係数も低下していることから両者の関係は弱くなっています。しかし依然として純投資収益率と投資額とのあいだには正の関係が存在することがわかります。

2．貨幣市場のデータ

　これまでに現実の日本における消費や投資の推移について説明してきました。財・サービスの取引は貨幣を媒介として行われるため，消費・投資が拡大すればその分貨幣が利用されていきます。[6]　そこで，GDPと貨幣の量についてみてみましょう。図2-7は横軸を名目GDP，縦軸をM1としたものです。M1は日本銀行の発行する現金（現金通貨）と預金取扱金融機関の発行する預金（預金通貨）の合計で，取引に際して決済手段として用いられるものです。図は1998年以前（1963年から1998年）と2003年以降（2003年から2017年）にわけてプロットしたものですが，いずれの期間についても概ね右上がりの関係が見られます。[7]　すなわち，名目GDPが拡大することで，貨幣量も増加していることがうかがえます。

　図2-7の数値をより細かく見ていきましょう。表2-4は1963年，1998年，2003年，2017年の値を抜粋したものです。1963年時点では名目GDPは25兆円，M1は6兆円でした。1998年時点では名目GDPは498兆円，M1は192兆円でした。この期間では名目GDPはおよそ20倍，M1はおよそ32倍に拡大しています。一方，2003年時点では，名目GDPは515兆円，M1は441兆円でした。2017年時点では，名目GDPは545兆円，M1は735兆円でした。この期間では名目GDPは5.8％，M1は66.5％拡大しました。このように，期間ごとに両者の対応関係は異なりますが，名目GDPとM1の正の関係は観察されます。

　貨幣は資産の一種ですが利子がつかないか，ついても銀行預金のように非常

---

[6]　貨幣は日本銀行によるマネーストック統計でまとめられています。マネーストックは何を含めるかにより，M1，M2，M3といった分類があります。M1は現金通貨と預金通貨の合計で，全ての預金取扱機関が発行するものを対象としています。M2は現金通貨と国内銀行等の発行する預金通貨，準通貨，CD（譲渡可能預金証書）の合計です。M3は，現金通貨と，全預金取扱金融機関の発行する預金通貨，準通貨，CDの合計です。国内銀行等や全預金取扱金融機関の定義は日本銀行『マネーストック統計の解説』（https://www.boj.or.jp/statistics/outline/exp/data/exms01.pdf）を参照してください。

[7]　マネーストック統計は2003年に改訂されました。それ以前はマネーサプライと呼ばれていました。以降のデータの一貫性の観点から1999年から2002年の期間は除外しています。

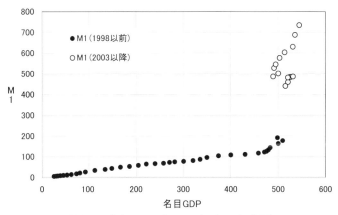

図2-7　名目GDPとM1（それぞれ兆円）

出所：日本銀行，内閣府
　　　総務省統計局『日本の長期時系列統計』
http://www.stat.go.jp/data/chouki/index.html, 2019年5月28日閲覧

表2-4　名目GDPとM1の数値例

	1963年	1998年	2003年	2017年
名目GDP	25兆円	498兆円	515兆円	545兆円
M1	6兆円	192兆円	441兆円	735兆円

出所：図2-7と同じデータから著者作成。

に低い利子しかつきません。一方，資産の中には債券など，より高い利子のつくものもあります。すると，人々は，取引を仲介するために貨幣を必要とするだけでなく，資産の一種として貨幣を保有するかもしれません。そのため，貨幣と利子率にはなんらかの関係がある可能性があります。詳細は第7章で説明しますが，この両者の関係はマクロ経済理論において非常に重要な役割を果たします。

　図2-8は利子率（公定歩合，％）とM1/名目GDPの関係（1963年〜1998年）をあらわしたものです。横軸はM1/名目GDPでこれはマーシャルのkとも呼ばれる指標で，1兆円の名目GDPを取引するのに何兆円分の貨幣を利用したかを表します。一方，利子率はこの間の一貫したデータの得られた公定歩合のう

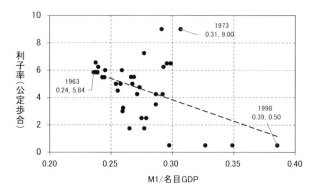

図2-8　利子率（公定歩合，％）とM1/名目GDPの関係（1963年～1998年）
出所：総務省統計局『日本の長期時系列統計』
http://www.stat.go.jp/data/chouki/index.html, 2019年5月28日閲覧

ち，「商業手形割引率ならびに国債，特に指定する債券または商業手形に準ずる手形を担保とする貸付利率」を利用しています。利子率は資金利用の費用となるので，利子率が上昇すると貨幣保有を節約しようとするため，1単位のGDPを仲介する貨幣の量を減らそうとするはずです。実際，1963年から1998年の期間については概ね右下がりの関係が見られました。

図2-9は，同様の指標を2003年から2017年の期間について図示したものです。ただし，利子率は公定歩合ではなく，1994年以降政策金利として採用されている無担保コールレート翌日物としています。期間を2003年以降としているのは，一貫したデータが得られることを重視しているためです。

日本では，1999年にゼロ金利政策が導入されて以降，コールレートを0近辺にする政策がたびたび実施されてきました。また，2016年にはマイナス金利政策が実施され，日銀当座預金の一部に対してマイナスの利子を課す政策が行われています。このため，1999年以降，日本の利子率は0に極めて低い水準であり，あまり利子に動きはありません。それでも，微妙ではあるものの，コールレートとM1/名目GDPの間には右下がりの関係が見られます。

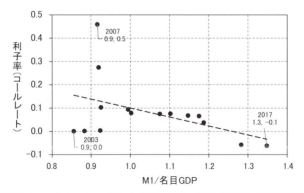

図2-9 利子率（コールレート，%）とM1/名目GDPの関係（2003年～2017年）
出所：日本銀行，内閣府

> **本章のまとめ**
>
> 1. 総支出（総需要）は，民間消費 C，投資 I，政府支出 G，純輸出 NX（輸出から輸入をさしひいたもの）の4種類に大きく分類されます。
> 2. 民間消費は，総需要のおよそ6割弱をしめ，経済成長にも安定した役割をしめています。そのため，民間消費が落ち込むと，総需要は減少して景気が悪化しかねません。民間消費は，可処分所得（＝所得－税金・社会保険料）の大きさに依存します。
> 3. 投資は，統計上の国内総固定資本形成のうち，民間の機械設備や住宅建設などの投資的部分と，在庫品の増減から成り立っています。設備投資は，企業の純投資収益率（＝資産収益率－借入コスト）の大きさに依存します。
> 4. 財・サービスの取引は貨幣を媒介として行われるため，消費・投資が拡大すればその分貨幣の利用機会が増えます。したがって，名目GDPの規模が拡大すれば，貨幣量も増加します。しかし，貨幣には資産としての側面もあるため，利子率が上昇すれば貨幣保有を節約しようとするので，1単位のGDPを仲介する貨幣の量は減る傾向にあります。

消費関数

　イギリスの経済学者 J.M. ケインズ（John Maynard Keynes, 1883〜1946）は，1929年の「暗黒の木曜日」に始まる大恐慌のため失業者にあふれた英国経済を見て，不況は総需要の不足によるものと考えました。その提言は，大恐慌を克服するため1933年から米国のルーズベルト大統領が提唱した「ニューディール政策」にも影響しました。現代でも長く続くデフレ不況では，その原因が総需要不足にあると考えるエコノミストも少なくありません。総需要は，どのようなもので構成され，どのような要因で変動するのでしょう。

> **本章で学習すること**
> 1. 消費は現在の欲求を満たすための財やサービスへ支出，投資は将来の欲求を満たすための財への支出です。このような両者の違いを学びます。
> 2. 消費水準が現在の所得水準によって決定されるケインズ型消費関数についてその性質を学びます。
> 3. 消費のその他の決定要因として，生涯所得や恒常所得の考え方をアドバンスで学びます。

1. 総需要と民間消費

　総需要は，第2章で学んだように，国内で生産された財やサービスに対する需要を合計したものです。繰り返しますが，総需要はおカネの流れという観点から見れば，おカネを支出することですから総支出とも呼ばれます。**総需要（総支出）**を，民間消費 C，政府支出 G，投資 I，純輸出 $NX(=X-M)$ に大別しました。なぜこのように分類するのでしょう。それは，同じ需要でも性質が違う

ためです。たとえば，消費は現在の欲望を充足するための支出と定義され，投資は将来の欲望を充足するための支出と定義されます。より実際的には，消費は現在の経済活動期間（通常1年）に使い切ってしまう財やサービスへの支出であり，投資は将来に収益やサービスを生み出すための財への支出です。そのため，同じ経済事象や政策に対して反応が異なるので，総需要の異質な中身を区別して分析する必要があるからです。

チョット 考えてみよう？

経済ニュースでよく耳にする「バブル」とは何でしょう。
第二次大戦後，日本経済は1960年代の高度成長期に10%以上の高い経済成長率を記録したものの，1973年と1979年の二度の石油危機を経て，低成長の時代に移り，経済成長率は1980年代前半には3%程度に安定していました。ところが1980年代後半になると，バブルと呼ばれる現象がおこり，株や土地や絵画などの資産の価格が急騰し，景気も過熱しました。

経済学でバブル（泡）とは，資産の実際の価格が経済の基礎的条件（利用価値など）に基づく理論価格以上に持続的に上昇する現象です。より正確に言えば，バブルは資産の実際価格と理論価格の差の部分です。もともと何らかのきっかけで，泡のように，実際の資産価格が上昇するのですが，その後何らかのきっかけで資産価格が急落すると，泡のように消えてしまうことから，バブルと呼ばれます。古くは17世紀オランダの「チューリップ熱」が有名で，チューリップの球根が極めて高額で取引されました。

バブルが発生する主な原因のひとつに，自己実現的な期待と投機が挙げられています。ここで投機とは，短期的なキャピタルゲイン（現在と将来の価格の差から生じる売買差益のこと）を目的に行われる活動をさします。たとえば人々が何らかのきっかけで将来株価が上昇すると予想すると，投機を目的に株が購入されて価格が実際に上昇するため，予想が実現します。

2．消費と投資の違い

上記のように，消費と投資は，総需要の二大構成項目です。「最終生産物」に対する支出という点では共通していますが，違いは何でしょうか。繰り返しますが，一般に消費は，その経済活動期間（通常は1年）のうちに使い切ってしまう財・サービスへの支出であり，現在の収益や便益を得るためのものです。

一方**投資**は，将来にわたって財・サービスを生産するための資本財への支出であって，将来の収益や便益を得るための支出です。

　実際にはこの区分は容易ではありません。たとえば教育費ですが，大学の「授業料」は毎年支払われるものなので消費として扱われます。確かに，友人と大学で過ごすという現在の行動に満足を感じる人も多いでしょう。しかし教育を受ける目的として，将来よい就職先（あるいは人生のパートナー）を獲得したいという意識もあります。つまり本人が将来得るはずの所得を高める効果をもつので，本来は投資と考えてもいいでしょう。[1]

　次に自動車を考えて見ましょう。自動車は1年以上利用できる財です。現在の国の統計（SNA）では，家計による自動車の購入は「消費」，タクシー会社などの企業による購入は「投資」と扱われています。タクシー会社は，将来の収益を得るための資本財として購入しているのですから，投資と考えるのはもっともなことです。一方家計は，購入した自動車を5年間利用するとします。すると1年間の消費額は，厳密には支出額の1/5になるはずです。こう考えると，今期の自動車への支出をすべて今期の消費とすることは，本来の消費の定義からすると過大推計になります。

　これらの点を考慮して，国の統計では，家計の最終消費支出を形態別に耐久消費財，半耐久消費財，非耐久消費財，そして，サービスと区分しています。**耐久消費財**は，自動車のように耐用年数が複数年にわたるものです。**半耐久消費財**は被服や履物が中心で，耐用年数が複数年とは断定しがたいものの比較的長期に使用されるものをさします。非耐久消費財とは半耐久消費財より耐久期間が短い財で食料品などがこれに該当します。またここで，サービスとは，利用者の利便性を高めるための支出のことで，交通やレジャー，あるいは通信など日常生活の中で様々なサービスへの支出があります。

　一般に耐久消費財は，ある時期に急速に普及が進むと需要が飽和し，その後は買換えを中心としたサイクルが見られます。その一方で，非耐久消費財の代

---

[1]　労働者の技能をたかめるための教育やトレーニングなどのフローの活動は人的投資と呼ばれ，この人的投資により蓄積されたストックとしての技能（レベル）を人的資本と言います。

表例である飲食への支出は，所得が上昇してもそれほど上昇しません。飲食費が消費に占める比率を**エンゲル係数**と呼び，このエンゲル係数の値は所得が上昇すると低下することが統計的に知られていてエンゲルの法則と呼ばれます。

　このように一口に「消費」といっても，中身はさまざまです。特に耐久消費財は冷蔵庫やテレビなど高額のものが多いので，その購入の有無は消費額を大きく変えるはずです。仮りに，すべての消費者が今年冷蔵庫を購入し，その後5年間購入せず，6年目にまた冷蔵庫を購入するという同じ行動をとるなら，集計された民間消費は5年毎に大きく変わってくるでしょう。しかし現実には，消費者の購入時期はばらついていて，今年冷蔵庫を購入する人もいれば，来年購入する人もいます。そのため経済全体で集計すると，個々の消費者の購入の特徴は薄められるのです。ただし，過去に消費税の税率が引き上げられたとき，引き上げ前に耐久消費財の購入が集中したことがありました。このように何らかの制度的変更のため，その制度が変更される直前に需要が集中する現象を**駆け込み需要**と呼びます。

3．消費は何で決まる？

（1）消費関数と税金

　第2章で学んだように，総需要の最大要素である消費は全体の約6割を占めています。では，消費は何に影響されているのでしょう。

　いま，ある代表的な家計の行動を考えます。民間消費（すなわち家計の財・サービスへの支出）が，所得に影響されると考えるのはごく自然なことです。所得といっても，家計は受け取った所得のすべてを消費や貯蓄に回せるわけではありません。家計は，税金や年金などを支払っているからです。当初受取った所得（勤労所得，利子所得，退職金，生命保険金，および社会保障による現金給付額など）から税，および社会保険料，などを差し引いた残りの所得を，可処分所得（自由に処分できる所得という意味）と呼びます。

第3章　消費関数　55

　可処分所得が増えると，ほとんどの家計で消費を増やすでしょう。つまり，消費は可処分所得の「増加」関数なのです。関数というと難しく感じるかもしれませんが，ここでは消費が「何に」「どの程度」影響されるかということと思ってください。また消費には，可処分所得が増減してもあまり変わらない部分があります。したがって，家計の消費 C は，所得を Y，税金などを T，貯蓄を S とすると，以下の式で表すことができます。

　　　消費関数　$C = C_0 + bY_d$ 　　　$Y_d \equiv Y - T$，$(0 < b < 1)$

　　　代入して　$C = C_0 + b(Y - T)$

　　　変形すると $C = A + bY$

　　　　　（ただし $A = C_0 - bT$ で，所得 Y に影響されない固定的部分をまとめたものです。）

　　　$S = Y_d - C$

　C_0 は消費の固定的な部分で基礎消費と言います。b は，可処分所得 Y_d が消費に与える程度をあらわします。Y_d が 1 万円増加したとき消費が b 万円増えることを意味し，ほとんどの国で 1 より小さいプラスの値をとります。残る $1-b$ 万円は貯蓄の増分となります。図3-1(a)は，縦軸の切片を基礎消費 C_0 として示した消費関数 $C = C_0 + bY_d$ を表したものです。一般に，このタイプの消費関数をケインズ型消費関数と言います。税金 T は，一人当たり一定額のものと，所得などに応じて決まるものがありますが，ここではどちらの種類かまだ特定しないことにします。とにかく，減税されて T が減少すると可処分所得が多くなるので，消費及び貯蓄が拡大することがわかります。図3-1(b)は，縦軸の切片を A として示した変形された消費関数 $C = A + bY$ を表わしたものです。

　減税の効果には，直接的なものと間接的（波及的）なものがあります。1 万円の所得税減税は，直接には家計の消費を b 万円増加させますが，消費の増加は総需要を増加するので，生産が拡大して所得（賃金など）も上昇し，さらに消費を刺激するという波及効果をもたらします。この波及メカニズムについては本書第 5 章で学びます。

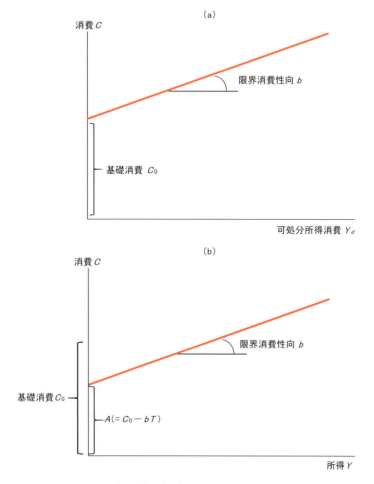

図3-1 ケインズ型消費関数

（2）消費性向

　可処分所得と消費の関係を、「平均消費性向」と「限界消費性向」という2つのことばで表します。経済学で限界とは、ある値から「追加的に」どれくらい変化するかを意味します。消費関数の b は、可処分所得が「追加的に」1万円増加したとき消費は「追加的に」何万円増えるかを意味する、**限界消費性向**です。

一方，**平均消費性向** C/Y_d は，可処分所得全体の何割が消費に向けられているかを示します。

　マクロ経済モデルで，限界消費性向は政策の効果に重要な役割を果たします。上記（１）で述べたように，減税は直接・間接的に景気を拡大させるのですが，トータルの効果はこの限界消費性向の値でほぼ決まるからです。限界消費性向の値が大きいほど，間接的な波及効果は拡大し，トータルの効果も大きくなります。また，一時的な減税と恒久的減税では，効果が異なります。（一時的減税の効果についてはアドバンスを参照してください。）

アドバンス

一時的減税と消費

　ここで紹介した消費関数は，現在の消費が「現在」の可処分所得だけで決まるという，かなりシンプルなものです。近年，データの整備が進み分析手法が発達したため，消費は所得以外にもさまざまな要因に左右されることがわかってきました。消費に関する代表的な３つのモデルと，一時的減税と恒久的減税の効果の違いを紹介します。（ここでは，消費などはすべてインフレ・デフレの影響を除いた実質値とします。）

①相対所得仮説
　デュゼンベリーは，消費者は社会における自分と他者との位置に応じて消費を決定するといいました。自分と同程度の所得の家計と同じような消費をしたがる傾向を「デモンストレーション効果」，また消費を変えることは困難で，高い消費水準になれてしまうと所得が一時的に低下しても消費はあまり落ち込まないという「習慣形成効果」の２つを指摘しました。

②ライフサイクル仮説
　近年不況のため賃金が下落し，リストラされる労働者も増加しています。このような厳しい経済環境の下では，人々は現在の所得が変わらなくても将来の雇用と所得に不安をいだき，消費を切り詰めるでしょう。モジリアーニ，ブランバーグ，安藤の３学者は，このように，現在の消費が現在の所得だけでなく将来の所得予想にも影響されることに注目しました。
　現在の消費は，現在までに蓄積した資産と，現在の所得，そして将来得られる予想所得の合計である**生涯所得**で決まると考えました。消費者は，一生涯にわたる消

費があまり変化しないように現在の消費を決めますので，若年期は将来に備えて貯蓄を行い，老年期になると貯金を削って消費に回すのです。（具体例は，本章末の練習問題を見てください。）可処分所得から消費を引いた残りは貯蓄ですが，アンケート調査によると，日本人の貯蓄動機として「老後に備えて」という回答の割合は高く，将来の生活設計が今期の消費や貯蓄に影響していることがわかります。

③恒常所得仮説

宝くじに当たったときなど，一時的に消費が変わることがあります。フリードマン（Milton Friedman, 1912〜）は，所得と消費をそれぞれ，一時的なものと恒常的なものに分けて考えました。一時的所得 Y^T には，たとえば宝くじの賞金があり，恒常所得 Y^P としては定期給与などが考えられます。恒常所得仮説では，総資産を，物的資産，金融資産にとどまらず，人的資産を含めた総合的なものとして捉えます。そして，この総資産から生涯にわたって安定して毎期生み出される収益を**恒常所得** Y^P とし，恒常消費 C^P はこれに比例すると考えます。一時的所得と一時的消費は無関係と想定されるため，一時的所得が増えると所得に占める消費の割合である平均消費性向が低下します。

$$Y_d = Y^P + Y^T \qquad \text{可処分所得＝恒常所得＋一時的所得}$$
$$C = C^P + C^T \qquad \text{消費＝恒常消費＋一時的消費}$$
$$C^P = k \cdot Y^P \qquad k \text{ は正の比例定数} \qquad\qquad (3-1)$$
$$\text{（恒常所得が増加すると恒常消費が増加するという関係を示す）}$$

しかし，恒常所得も恒常消費も直接観察されないデータです。どうすれば，直接観察できるデータで，この仮説を確かめることができるのでしょう。Hayashi（1982）にならって変形してみましょう。[2] ちょっと難しいですが，Y^P は総資産に比例するので，総資産のうちの人的資産 H_t を，次式のように，現在そして将来得られるはずの労働所得の割引現在価値を合計したものと考えます。[3]（将来の労働所得は観察できませんので，仮説を検証するときには一定の方法でデータを加工します。）

$$H_t = \sum_{k=0}^{\infty} (1+\mu)^{-k} E_t[y_{t+k}]$$
$$\mu : \text{割引率}$$

---

[2] Hayashi, Fumio (1982) "The Permanent Income Hypothesis：Estimation and Testing by Instrumental Variables", Journal of Political Economy 90, pp.895-916.

[3] 一般に，将来の価値は現在の価値と一致しません。たとえば現在の100万円は，利子を生み出しますので利子率（小数表示）を μ とすると1年間で $(1+\mu)$100万円に増価します。割引現在価値は，将来の価値を現在の価値に割り戻したもので，1年後の100万円の割引現在価値は $100/(1+\mu)$ 万円，n 年後の100万円の割引現在価値は $100/(1+\mu)^n$ 万円になります。

y_{t+k}：$t+k$ 期における税引後の労働所得

$E_t[\ ]$：t 期において家計が利用し得る情報集合に基づく条件付き期待値
（利用できる情報を最大限活用した予想値と考えてください。）

そして人的資産以外の資産 w_t も考慮し，恒常所得 Y^P が人的資産と非人的資産の総和 w_t+H_t に比例していると考えると，今期（t 期）の消費 C_t を以下の（3−2）式のように変形することができます。ただし今期の可処分所得による流動性制約（後述）に依存する部分を捉えるため，今期の可処分所得 Y_{dt} を含めています。

$$C_t = \alpha\,(w_t+H_t) + \lambda\,(Y_{dt}) \tag{3−2}$$

C_t：t 期における消費 　　　　　w_t：t 期における非人的資産

H_t：t 期における人的資産 　　　　Y_{dt}：t 期における可処分所得

（3−2）式のように変形すると，観察される（あるいは観察されるデータから計算できる）データを用いて，この仮説を検証することができます。消費が現在の可処分所得だけに影響されるのであれば，（3−2）式で $\alpha=0$ かつ $\lambda>0$ となります。恒常所得だけに影響されるなら $\alpha>0$ かつ $\lambda=0$ になります。Hayashi（1982）をはじめ，多くの国々でさまざまなデータ分析が行なわれ，（3−2）式で $\alpha>0$ かつ $\lambda>0$ という場合が多く観察されました。そのため，恒常所得仮説はある程度妥当するが，流動性制約が重要であると指摘されました。流動性制約とは，自身の資金調達能力の限界によって最適な行動がとれない状況をさします。例えば住宅を購入するとき，購入額のすべてをローンで借入ることができず，頭金が必要なケースが多くあります。頭金を貯めるために現在の貯蓄を増やし消費を切り詰めていますので，現在の所得が増えると消費が影響されます。

ライフサイクル仮説や恒常所得仮説は，経済政策に重要な意味を持ちます。なぜなら，一時的な減税の場合，将来増税されるだろうと人々が予想しますので，一時的所得を増加させるだけで，消費への影響はきわめて限られたものになってしまうからです。また2つの仮説とも，資産価格の変動が，生涯所得や恒常所得の変化を通じて，現在の消費に影響を与えることを示唆しています。消費が景気に与える影響はきわめて大きいので，是非，中級程度の参考書で勉強してみてください。

本章のまとめ

1．総支出（総需要）は，民間消費 C，投資 I，政府支出 G，純輸出 NX（輸出から輸入をさしひいたもの）の4種類に大きく分類されます。民間消費は，総需要のおよそ6割をしめ，経済成長にも安定した役割をしめしています。そのため，民間消費が落ち込むと，総需要は減少して景気が悪化しかねません。

2．民間消費と投資の違いは，現在の欲求を満たすための支出か，将来の欲求を

満たすための支出かで区別されます。具体的には，消費は，現在の経済活動期間に使い切ってしまう財・サービスへの支出で，投資は将来にわたって財・サービスを生産するための資本財への支出です。消費者が購入する耐久消費財は耐用年数が複数年にわたりますが，その支出は便宜上消費に含まれます。

3．民間消費は，可処分所得（＝所得－税金など）の大きさに依存します。所得が増えると消費は増加し，減税になると消費は増えます。消費が「何に」「どの程度」影響されるかを示した関係式を消費関数と呼びます。消費は，現在の可処分所得に影響されない部分である基礎消費と，現在の可処分所得に応じて変化する部分に分けられます。可処分所得が現在の値からさらに1万円「追加的に」増えたとき，消費が何万円増えるかを限界消費性向と呼び，減税などの政策効果を決める重要な役割を果たします。

--- ■その他のキーワード■ ---

可処分所得：当初受け取った所得（勤労所得，利子所得，退職金，生命保険金および社会保障による現金給付額など）から税や社会保険料などを控除したもの。

耐久消費財：自動車のように耐用年数が複数年にわたるもの。

半耐久消費財：被服や履物が中心で，耐用年数が複数年とは断定しにくいが比較的長期に使用されるもの。

エンゲル係数：飲食費が消費に占める比率。

駆け込み需要：制度的変更のため，制度が変更される直前に需要が集中する現象。

恒常所得：生涯にわたって得られる総資源から安定して毎期生み出される所得のことで定期給与など。

生涯所得：現在までに蓄積した資産と，現在の所得，そして将来得られる予想所得の合計。

流動性制約：自身の資金調達能力の限界によって最適な行動がとれない状況。

《練習問題》

《概念の理解・定着問題》

問1 日本の総需要のなかで消費の占める割合はおよそ何割か。以下の選択肢の中から1つ選べ。
　　①2割　　②4割　　③6割　　④8割

問2 以下の家計の支出項目のうち，消費に該当するものを以下の選択肢の中からすべて選べ。
　　①光熱費　　②授業料　　③旅行費用　　④株券購入代金　　⑤税金

第3章　消費関数　61

問3　受け取った所得から税，社会保険料などを差し引いた残りの所得の名称は何か。以下の選択肢の中から1つ選べ。
　　　①税引き後所得　　②可処分所得　　③総所得　　④移転所得

問4　可処分所得の大小に関わらず，一定額行われる消費を何と言うか。以下の選択肢の中から1つ選べ。
　　　①基礎消費　　②限界消費　　③一定消費　　④平均消費

問5　可処分所得全体の何割が消費に向けられているのかを示す用語は何か。以下の選択肢の中から1つ選べ。
　　　①臨界消費性向　　②限界消費性向　　③消費比率　　④平均消費性向

問6　ある値から「追加的に」どれくらい変化するのかを表す経済学の用語は何か。以下の選択肢の中から1つ選べ。
　　　①臨界的　　②段階的　　③限界的　　④加算的

問7　家計における貯蓄の定義として正しいものは次のどれか。以下の選択肢の中から1つ選べ。
　　　①保有資産の総額　　　②税引き前所得から消費を差し引いた額
　　　③可処分所得から消費を差し引いた額　　　④銀行預金残高

《スキル形成問題》

問1　Aさんの世帯の先月の家計簿は，以下のとおりであった。
　　食料費…70000円，住居および光熱費…45000円，保険医療費…10000円，交通通信費…53000円，その他消費支出…65000円，預金（貯蓄）…25000円，税金…25000円
　　この世帯の消費支出と可処分所得を求め，平均消費性向（可処分所得に占める消費の割合）を計算しなさい。また飲食費をもとめ，エンゲル係数を計算しなさい。

問2　以下の消費関数について考える。

$$C = C_0 + bY_d, \quad (C_0 > 0, \ 0 < b < 1)$$

　　ここで，C：消費。
　1）Y_d は，「税引き前所得」か「税引き後所得」か，どちらと考えるのがより正しい理解か。
　2）Y_d が「追加的」に1万円増加したとき C は追加的に何万円増加するかを意味し

ている記号はどれか。

3）基礎消費とは，Y_d の増減に関わらず必要な消費である。これを，意味している
記号はどれか。

問3　ある国の可処分所得と消費の関係について，以下のように，ケース(A)とケース
(B)が観測された。

ケース(A)可処分所得が100の時，消費が80

ケース(B)可処分所得が200の時，消費が140

ケインズ型消費関数に従って，以下の問いに答えなさい。

1）限界消費性向の値を求めよ。

2）基礎消費の値を求めよ。

3）可処分所得が300の時の消費の値を求めよ。

《未経験な複雑な問題への挑戦》

問1　A氏の毎月の固定的な支出は4万円である。ある月の月収は15万円で，3万円
の税金を払い，全消費支出額は10万円であった。A氏はケインズ型消費関数に従っ
ているとする。

1）A氏の限界消費性向の値を求めよ。

2）A氏の月収が21万円になると，消費はいくらになるか。

3）月収が15万のまま税金が1万円になると，消費はいくらになるか。

問2　ケインズ型消費関数において，平均消費性向は可処分所得の増加とともに低下
する。この関係を，数式を使って証明せよ。

問3　ケインズ型消費関数によれば，今期の可処分所得が変化すれば，今期の消費も
変化するという関係を導いている。今期の可処分所得以外の消費に対する決定要因
を考えると，どのような経済変数が候補となるか。

問4　C を消費，Y を所得，Y^P を恒常所得，Y^T を一時所得，とし，$Y=Y^P+Y^T$ とす
る。恒常所得仮説によれば，

(1)　　　　$C=0.9Y^P$

となる。ここで，Y^P は以下のように定まるものとする。

(2)　　　　$Y^P=0.6Y+0.2Y_{-1}+0.15Y_{-2}+0.05Y_{-3}$

また，Y_{-1} は1期前の Y，Y_{-2} は2期前の Y，Y_{-3} は3期前の Y，である。

1）現在の所得増による消費増の関係を示した限界消費性向の値を求めよ。

2）現在，$Y=Y_{-1}=Y_{-2}=Y_{-3}=100$，とする。現在の所得に対する消費の関係を示
した平均消費性向の値を求めよ。

3）上記2）での期の次期となり，$Y=200$，となった。この時の平均消費性向の値を求めよ。また，上記(2)の平均消費性向の値との違いの有無を確認し，その理由を説明せよ。

4）上記3）以降の期で，$Y=200$，であり続けると，平均消費性向はどのようになっていくのか。

問5 $T：T$歳まで生きる。$t：$現在t歳，$n：n$歳で定年，$C：$毎期同じ消費，$Y^e：$毎年同じ収入，$W：$名目資産，$P：$物価水準。とする。ライフサイクル仮説に基づき，消費Cを式で示せ。ただし，利子率はゼロとする。

問6 ライフサイクル仮説にもとづいて，消費関数を計算せよ。

25歳で入社したＡ氏は，定年の65歳まで働き，75歳で死亡すると予想している。可処分所得 Y 万円は定年まで一定で，現在300万円の遺産を相続した。今後一定の消費を毎年行い，Ａ氏自身は遺産を遺さない。利子率はゼロとする。（「アドバンス」の消費関数で説明したように，利子率がプラスなら，将来の１万円と現在の１万円の価値が異なるが，簡単にするため，ここでは利子率ゼロとして，時間による価値の違いを無視し，将来の１万円と現在の１万円をそのまま合計しよう。）下図を参考に，消費を調べてみよう。

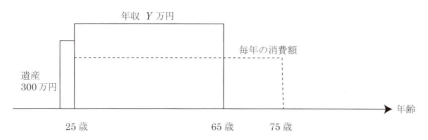

図3-2　Ａ氏の遺産・所得と消費の関係

（ただし遺産，年収，消費の大小関係は，年収の値によっては必ずしも図のようにならないことがある）

1）Ａ氏の生涯所得をYの関数で示せ。
2）Ａ氏の消費関数はどういう形になるか。CとYの関係を式で示せ。限界消費性向はいくらか。
3）Yを500万円とすると，Ａ氏の今期の消費額はいくらになるか。
4）政府が減税を行なったため，Ａ氏の可処分所得は今期600万円になった。この減税が今年限りの場合と，65歳まで続く場合で，Ａ氏の今期の消費の違いを計算

で求めなさい。

5）上記2）の状態にあったとする。勤務している企業の業績が悪化したため，A氏は定年まで働くことは難しく55歳で離職することになると予想した。このとき限界消費性向はいくらになるか。

第4章

マクロ経済モデル事始－45度線モデルの構造

　イギリスの経済学者 J.M. ケインズによって20世紀初頭に提唱された有効需要の原理は，マクロ経済学の基本原理としてケインジアン経済学と呼ばれる学説を形成していきます。本章では，45度線モデルと呼ばれているマクロ経済学の最も基本的なモデルを用いて，有効需要の原理のエッセンスを理解すると同時に，経済理論モデルというものの動かし方に触れてみることにしましょう。

🖌 本章で学習すること

1．マクロ経済理論モデルの前提となる有効需要の原理とはどのようなものかを学習します。
2．グラフや数式を用いて，45度線モデルと呼ばれる理論モデルの構造を理解します。
3．45度線モデルを用いた政府支出増加の効果の分析を通して，乗数の意味を考えます。

1．有効需要の原理と財・サービス市場の均衡

　本書の第2章と第3章で，総需要がマクロ経済全体の中で大変重要な役割を果たしていることを学んできました。実際，総需要は国全体の国内総生産の大きさを決定する上で理論的にも非常に重要な要素であり，この点に着目してマクロ経済理論モデルを構築したのが，イギリスの経済学者 J.M. ケインズ（1883～1946）です。本章ではケインズの考えた「有効需要の原理」と呼ばれている考え方に則して，最も簡単なマクロ経済理論モデルについて理解することにし

66

ましょう。

　本書のイントロダクションで述べたように，市場が均衡するのは需要量と供給量が等しくなったときであり，一般的に言うと，経済には絶えず均衡に向かって動いていくような力が働いていると考えることができます。¹⁾ この点に関しては，ミクロ経済学でもマクロ経済学でも考え方に変わりはありません。基礎的なミクロ経済学のモデルでは，イントロダクションでとりあげたトマトの市場のモデルの中で述べたように，需要量が供給量より大きい場合には価格が上昇し，需要量が供給量より小さい場合には価格が下落し，結局需要量と供給量が等しくなるように価格が決定されるということが前提とされていました。このように需要と供給の乖離を解消するように価格が変動することを**価格メカニズム**と呼んだりします。しかしながらケインズは，1930年代の世界的な大恐慌に直面して，マクロ経済全体では価格メカニズムが十分に機能するとは限らないことに着目しました。経済が不況で需要量が供給量（生産量）に比べて非常に小さいとき，価格が下落するのではなく，むしろ企業が労働者を解雇したり設備の稼働率を低下させたりして，生産規模を縮小させる行動を起こすと考える方がより現実的であるとケインズは考えました。このような観点から，価格メカニズムとは異なる市場調整の考え方として「有効需要の原理」が提唱されたわけです。この原理に基づいて構築されたマクロ経済モデルが，これから学習していく45度線モデルや，後の章で学習する IS－LM モデルであり，これらはケインジアンモデルと総称されています。有効需要の原理とはどのようなものなのかについて，以下で詳しく見ていきましょう。

　有効需要の原理とは，総需要に等しくなるように総供給（総生産）量が決定されるという市場のはたらきに関する仮説のことです。企業が財やサービスの生産を行なう場合に，需要量を予想し，なるべく需要量に見合うような量の生産を行なおうとするという企業の行動原理に関する仮説であると言い換えるこ

---

1) 均衡からいったん離れた場合に，どんどん均衡から遠ざかっていくような状況も全く存在しないわけではありません。均衡に向かっていく力が絶えず働いているような均衡を安定均衡と言い，均衡から遠ざかっていくような力が存在するような均衡を不安定均衡と言います。

ともできます。生産量よりも需要量が少ない場合には，生産した財やサービス
が売れ残ってしまいます。逆に生産量よりも需要量の方が多ければ，商品を購
入するために行列ができたりするかもしれません。このような状況に対して，
有効需要の原理は，生産量（供給量）が需要量より大きければ企業は生産を減
少させ，生産量（供給量）が需要量より小さければ企業は生産を増加させると
いう調整が行なわれることを前提としています。結果的に企業は需要と等しく
なるように生産を行なうということになります。すなわち，有効需要の原理は
第一義的には企業の行動原理に関する仮説ですが，同時にそれは市場の調整メ
カニズムそのものであるということができます。ここで，有効需要の原理と価
格メカニズムの違いを簡単にまとめておきましょう。価格メカニズムでは，需
要量が供給量を上回るときには市場に価格上昇圧力が生じると考えます。価格
が上昇すれば，需要量は減少し供給量は増加しますから，結果的に需要と供給
が一致するような市場均衡に向かっていくことになります。供給量が需要量を
上回る場合にはこれとは逆に，市場に価格低下圧力が生じて供給が減少し需要
が増加し，市場均衡に向かうことになります。しかし有効需要の原理では，価
格はこのように伸縮的に変動しないということを前提として，需要と供給を一
致させるように企業（生産者＝供給者）が生産量の調整を行なうことによって，
市場が均衡に向かっていくと考えるわけです。[2] このような考え方に基づいて
マクロ経済理論モデルを創るにはどうすればよいでしょうか。以下で実際に理
論モデルを創っていくことにしましょう。

---

[2]　価格メカニズムが有効に機能することを前提とした経済理論モデルを伸縮価格体系と呼
び，有効需要の原理に代表されるような価格が変動しないことを前提とした経済理論モデ
ルを固定価格体系と呼ぶことがあります。しばしば固定価格体系は短期の経済理論モデル
であり，伸縮価格体系は長期の経済理論モデルであると主張されることがあります。たしか
に企業が需要の予測に基づいて生産量の調整を行なうという企業行動は短期的な行動であ
ると考えられます。ケインズはその著書『雇用・利子および貨幣の一般理論』（塩野谷祐一
訳，東洋経済新報社，1983年）の中で，企業の売上金額に関する予想を「短期的予想」と呼
んでいます。しかしながら，価格が伸縮することが長期の概念であることは必ずしも明確で
はありません。価格が伸縮するかどうかは時間の長さというよりも，生産要素市場の状況な
どの市場の属性に依存すると考えられます。例えば，大恐慌のときなどには，企業が過剰な
設備や雇用を抱えており，失業者も大量に発生しています。このような状況では，企業が生
産を調整することは比較的迅速かつ容易に行なうことができると考えられます。

2．45度線モデルの構造

　前節で述べた有効需要の原理では，企業は総需要に等しくなるように生産を行なおうとするということが述べられています。したがって企業の供給行動を次のように定式化することができます。

　　　総供給＝予想された総需要

これが，企業の供給関数であるということになります。しかしながら経済変数の予想を理論モデルの中に明示的に組み込むためには，確率や統計の分野に関する予備知識を必要とし，入門レベルのマクロ経済学の範囲を越えてしまいますので，本書では明示的に取り扱いません。ここでは単に企業の予想が外れた場合には，企業はさまざまな予想の改定を行ない，結果的に総需要と等しくなるようなところで生産を行なおうとする，という形で定式化します。すなわち，財・サービス市場には企業の行動を通して，

　　　総供給＝総需要

という関係を成立させるような方向の力がつねに働いているものとします。この式は企業の行動パターンを表す式であると同時に，財・サービス市場の市場均衡（需要と供給が等しい状態）を示しています。言い換えると有効需要の原理では，市場均衡は企業行動の結果成立するということになります。総供給をY^S，総需要（計画された総支出）をEで表すと，以下のような式になります。

$$Y^S = E \qquad\qquad (4-1)$$

　さて理論のかなめとなっている総需要の大きさはどのように決まるのでしょうか。また，どのような要因によって変動するものでしょうか。まず第１章の議論を思い出してみてください。総需要の構成要素は，消費，（計画された）投資，政府支出，純輸出の４つでした。総需要をE，消費をC，（計画された）投資をI，政府支出をG，純輸出をNX，というようにそれぞれ記号で表すと，次

第4章　マクロ経済モデル事始－45度線モデルの構造　69

のような式で表すことができます。

$$E=C+I+G+NX \qquad\qquad (4-2)$$

次に第3章で学習した消費の議論を思い出してみましょう。消費の量は所得に依存して決定されるという消費関数について学習しました。そこでは消費 C は所得 Y の関数として以下のように書かれていました。

$$C=A+bY \qquad (A,\ b は定数,\ 0<b<1) \qquad\qquad (4-3)$$

第3章の復習になりますが，上の式で所得 Y に係っている係数 b は限界消費性向と呼ばれるものであり，通常は0と1の間の値をとります。限界消費性向は，所得が1単位増加したときに消費は何単位増加するのかを表しています。実は，この限界消費性向 b は，本章の理論モデルの中で決定的に重要な役割を果たします。[3] 残りの投資 I や純輸出 NX などもさまざまな要因によって変動します。しかしここでは議論を単純にするために，所得の変動による影響は非常に小さいと仮定して，$I,\ G,\ NX$ はあらかじめ与えられた何らかの数（外生変数）として扱います。[4] 消費関数の中に出てくる所得についてはどのように考えればよいでしょうか。第1章で議論した三面等価の関係の一部を思い出してみてください。国内で生産された財・サービスは市場に供給されますが，同時にそれは所得として家計に分配されます。したがって，総供給は所得とつねに等しいことになります。この関係を式で書くと

$$Y^S=Y \qquad\qquad (4-4)$$

となります。これで45度線モデルのすべてのパーツがそろったことになります。（4－1）式から（4－4）式までの4本の式で描かれている世界が，45度線モデルと呼ばれるマクロ経済学の理論モデルです。45度線モデルの全体像が

---

[3]　ここで取り上げている消費関数では，家計が支払う税の額が所得に依存しないものと仮定しています。この仮定は後の章で緩められます。

[4]　例えば投資は利子率の変動によって変動しますが，投資 I を与えられた定数とするということは，背後で利子率が変動しないと仮定していることを意味しています。

表4-1 45度線モデルの全体像

式	条件	意味
$Y^S=E$		企業行動，市場均衡
$E=C+I+G+NX$	I, G, NX は定数	総需要の構成要素
$C=A+bY$	A, b は定数，$0<b<1$	消費関数
$Y^S=Y$		総供給＝分配所得

集約型

$Y=C+I+G+NX$	I, G, NX は定数
$C=A+bY$	A, b は定数，$0<b<1$

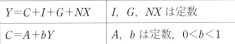

解

$$Y=\frac{1}{1-b}(A+I+G+NX)$$

表4-1にまとめてあります。

次に45度線モデルの構造についての理解を深めていくために，定数のところに具体的な数字を当てはめて考えていきましょう。まず，消費関数は例えば

$$C=10+0.8Y \qquad (4-5)$$

のようになっていたとします。また $I=20, G=60, NX=10$，という値であることが分かっていたとしましょう。そうするとこれらの値と，消費関数を（4-2）式に代入することによって総需要を非常に簡単な式で表すことができます。（読者のみなさんは自分自身の手でこの計算を行なってみてください。）式を示すと次のようになります。

$$\begin{aligned}E&=(10+0.8Y)+20+60+10\\&=100+0.8Y\end{aligned} \qquad (4-6)$$

このプロセスをグラフ化したものが，図4-1(b)のグラフです。

第4章 マクロ経済モデル事始－45度線モデルの構造　71

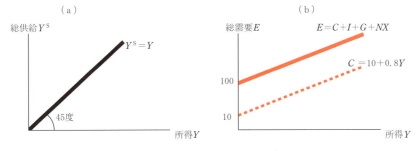

図4-1　45度線モデルの図解

　（4－5）式で表される消費関数は，横軸に Y をとって縦軸に C をとると，切片が10で傾きが0.8の直線で表すことができます。これが図4-1(b)のグラフの中の点線で示されています。またこの消費 C に $I+G+NX$ を加えたものが（4－6）式ですから，結局，総需要を表すグラフは，点線のグラフを90（$=I+G+NX$）分だけ上にシフトさせたものになります。次に（4－4）式をグラフに描くことを考えてみましょう。縦軸に Y^S，横軸に Y をとってグラフを描いてみましょう。これはちょうど傾きが1の直線になります。[5]　傾きが1であるというのは角度にすると45度になります。このことから，この経済理論モデルは45度線モデルと呼ばれるようになったわけです。

　ここまでの説明の中でまだ登場してこないのが，（4－1）式で表される総需要と総供給が等しいという条件です。この条件は有効需要の原理の本質を表しているものであり，45度線モデルを完結させる働きをしています。この条件は，ある所得水準 Y に対して発生する総需要 E が，この所得水準をもたらす総供給量（総生産量）Y^S とちょうど等しくなることを要求しています。このような所得水準をどのようにして見つけ出せばよいでしょうか。

　イメージを膨らませるために，少し数値例を用いて計算をしてみましょう。もし企業が300だけ生産した場合にはどのようなことが生じるでしょうか。企業が生産したものはそのまま財・サービス市場に供給されますから，総生産量

---

[5]　解かりにくい人は，中学生のころに習った $y=x$ のグラフを思い出してみてください。縦軸に y，横軸に x をとった場合に，これは原点を通る傾き1の直線だったことを思い出せるでしょう。

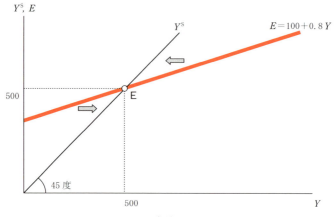

図4-2　45度線モデルの完成

が300であるということは総供給量 Y^s が300であると言っているのと同じです。また，生産されたものは所得として分配されますから，所得 Y は300であるということになります。300の所得はどれだけの総需要を生み出すでしょうか。(4－6)式の Y のところに300を代入すると，総需要 E の値は340となります。したがって企業が300生産した場合には，総供給量が総需要量より小さいことになります。このような場合には企業は生産量を拡大しようとするというのが有効需要の原理でした。数値例をもう一つ考えてみましょう。企業が800生産した場合にはどうなるでしょうか。総供給量と所得は800であり，また，(4－6)式から総需要の大きさは740と求められます。したがって企業が800生産した場合には，総供給量が総需要量を上回ってしまうことになります。このようなときは企業は生産を縮小させようとするというのが有効需要の原理です。それでは総需要と総供給が等しくなって市場が均衡し，企業がもうこれ以上生産を拡大も縮小もしなくなるのは，企業がどれだけ生産した場合でしょうか。ここでもやはりグラフの助けを借りながら考えていきましょう。総需要と総供給の関係を考えるために，図4-1の(a)と(b)の2つのグラフを重ね合わせてみましょう。2つのグラフを重ねたものが図4-2に描かれています。

　結論を先に言うと，図4-2に描かれている2本の直線の交点 E が総需要と総供給が等しくなっているところです。このことを数値によって確認してみま

しょう。企業の生産量が500のとき，所得 Y も500となりますが，所得 Y が500の
ときの総需要を求めてみると，（4－6）式の Y のところに500を代入すること
によって総需要 E の大きさは500であることが計算できます。したがって，企業
の生産量が500（所得が500）であるときに市場は均衡し，企業はこれ以上生産
を拡大したり縮小したりしなくなるということになります。このような所得(生
産）水準を**均衡国内総生産**と言います。[6]

　それでは均衡国内総生産の値はどのようにして求められたのでしょうか。均
衡国内総生産の値を求めることは，45度線モデルを解くということに他なりま
せん。次に45度線モデルの数学的な解き方をを説明していきましょう。（4－
1）式は，$Y^{\mathrm{S}}=E$，という式でしたから，左辺の Y^{S} のところに Y を代入し（Y^{S}
はつねに Y と等しいことを思い出してください），右辺の E に（4－6）式を代
入すると，

$$Y=100+0.8Y$$

という式になります。この式は Y についての方程式ですが，読者のみなさんは
これを解いて Y を求めることができるでしょうか。どうしてよいか分からない
人は，もう少し中学校の数学の復習をしてからこの先を読み進んでいってくだ
さい。この方程式を解くことによって，$Y=500$ という均衡国内総生産の値が求
められます。

　数値例ではなく文字記号のままモデルを解くとどのような式になるでしょう
か。もう一度モデルの全体像を並べて書いてみます。

$$Y^{\mathrm{S}}=E \tag{4－1}$$
$$E=C+I+G+NX \tag{4－2}$$
$$C=A+bY \qquad (A, \ b \ は定数, \ 0<b<1) \tag{4－3}$$
$$Y^{\mathrm{S}}=Y \tag{4－4}$$

---

[6]　均衡国内総生産は，企業がその大きさの生産を行なえばちょうど過不足なく生産したも
　のを売り切ることができるということを意味しています。ケインズの用語法に従うと，この
　ような状況のときの総需要の水準が有効需要と言われるものです。

まず，（4－1）式の左辺の Y^s のところに Y を代入します。これで（4－4）式は使ったことになります。次に（4－1）式の右辺に（4－2）式を代入します。その結果（4－1）式は次のようになります。

$$Y=C+I+G+NX \qquad (4-7)$$

これで，消費関数を表わす（4－3）式以外の式はすべて使ったことになります。すなわち45度線モデルは上の（4－7）式と消費関数を表す（4－3）式の2本に集約できるということになります。[7] このことが表4-1の下段の表に「集約型」としてまとめてあります。モデルを解いてみましょう。（4－3）式を（4－7）式のCのところに代入すると，

$$Y=(A+bY)+I+G+NX$$

これを変形して，

$$(1-b)Y=A+I+G+NX$$

したがって均衡国内総生産は以下のように求められます。

$$Y=\frac{1}{1-b}\times(A+I+G+NX) \qquad (4-8)$$

この式の左辺に係っている係数である $1/(1-b)$ を**乗数**と言います。この乗数は45度線モデルでは非常に重要な役割を果たしていることを次節で説明します。

　　経済理論モデルの学習は自分の理解を一つ一つ確かめながら進んでいくことが大切です。

確認問題
　消費関数が $C=20+0.6Y$，であり，$I=40$，$G=50$，$NX=10$ となっているときに，均衡国内総生産を求めよ。また，このときの消費量はいくらか。
腕試し問題

---
[7] この2本の式で表されるモデルの内生変数は所得 Y と消費 C です。

消費関数が $C=A+0.6Y$ であり，$Y=500$，$I=30$，$G=50$，$NX=20$，という値が分かっているとき，A の値を求めて，消費関数を確定させなさい。

［考え方と解答］
確認問題
　いつも（4－7）式の $Y=C+I+G+NX$ を基本にして考えましょう。この式に問題で提示された条件を代入すると，$Y=120+0.6Y$ という式になります。この式を解くと，$Y=300$ が求められます。また，$Y=300$ を消費関数に代入すると，$C=200$ が求められます。
腕試し問題
　$Y=500$，$I=30$，$G=50$，$NX=20$ を，$Y=C+I+G+NX$ に代入することによって，$500=C+30+50+20$ となるから，$C=400$ が求められる。$400=A+0.6×500$ だから $A=100$ が求められます。したがって消費関数は $C=100+0.6Y$ です。

3．乗数と政策の効果

　前節では有効需要の原理にもとづいてマクロ経済理論モデルを創っていき，最終的には45度線モデルと呼ばれているモデルを構築しました。この節ではこのモデルを操作することを考えてみたいと思います。45度線モデルの操作は，経済政策の方向性に関して非常に有用な分析道具になります。ここでは経済政策の一例として失業対策を取り上げてみましょう。

　企業に雇われている労働者の数と国内総生産の大きさにはある一定の関係があると考えられています。[8] 企業が生産を拡大しようとするときは，労働者をたくさん雇い，逆に企業が生産を縮小しようとするときは労働者を解雇したりして，雇用されている人の数が減少するものと考えられます。したがって，企業の生産活動が活発な時は失業者が少なく，企業の生産活動が沈滞しているときは失業者が多いということになります。生産活動が活発になっていくにしたがって失業者が減少していきますが，ある生産水準になると，現在の給料の水

---

[8]　労働量と生産量の間にある一定の関係は，ミクロ経済学では生産関数によって表されています。

準でとにかく働きたいと考えている**失業者**（非自発的失業者）が全くいない状態に到達すると考えられます。このような状態を**完全雇用**と言います。完全雇用は失業者が一人もいない状態ではないことに注意してください。[9] 完全雇用をもたらす生産水準を**完全雇用国内総生産**と言い、Y_Fで表します。経済政策の目的の一つに完全雇用を維持するということが挙げられますが、これは生産水準を完全雇用国内総生産の水準に維持することであると言い換えることができます。

　45度線モデルを用いて具体的な分析を行なってみましょう。まずもう一度図4-2を見てください。図4-2は均衡国内総生産が500であるような数値例で描かれています。完全雇用国内総生産がこの均衡国内総生産500よりも大きかった場合を考えてみましょう。例えば完全雇用国内総生産が600であったとします。このような状況では市中に非自発的な失業者があふれているかもしれません。政府が失業率を小さくしようとすれば、どうすればよいでしょうか。45度線モデルに沿ってこのことを考えていきたいと思います。まず、念のため、図4-2で表されるモデルをもう1度まとめておきます。

$$Y=C+I+G+NX \qquad\qquad (4-7)$$
$$C=10+0.8Y \qquad\qquad (4-5)$$
$$I=20, \ \ G=60, \ \ NX=10$$

このモデルを解いて$Y=500$という均衡国内総生産が求められたわけでした。もし企業が完全雇用国内総生産の水準である600まで生産をしたとすると、そこから発生する総需要はどのくらいの大きさになるでしょうか。Yが600であるとすると、Cは490となります。総需要Eは、$E=C+I+G+NX$、によって求めることができますから、I, G, NXに与えられた数字を代入して、$E=580$を得ることができます。つまり現状のままでは、完全雇用国内総生産に対応する600の総供給を行なっても、総需要は580しか発生しないため、総需要は20不足しているということになります。この総需要の不足分20に当たる部分、すなわち完全雇

---

[9] 失業の概念や失業率の実際の把握の仕方などについては、井出・井上・大野・北川・幸村著『経済のしくみと制度（第3版）』（多賀出版、2015）の第7章を参照してください。

用国内総生産とそれに対応する総需要の差を**デフレギャップ**と言います。[10] 均衡国内総生産が完全雇用国内総生産より小さい状態というのは，経済にデフレギャップが存在する状態に他なりません。政府は，生産量を増加させて完全雇用国内総生産を達成し，失業を解消するためにはどのような政策を行なえばよいでしょうか。すぐに思いつくことは，政府が何らかの政策によって不足している総需要を埋め合わせることはできないかということでしょう。その通りです。企業が完全雇用国内総生産の水準で生産を行なおうとするだけの総需要がないのですから，需要を創出することがもっとも直接的な政策になります。総需要の構成要素は，消費，投資，政府支出，純輸出ですが，この中のどれを増加させるのがよいでしょうか。政府は税制の変更や金融政策，外国為替市場介入などさまざまな政策によって，消費，投資，純輸出などに影響を及ぼすことができます。これらの政策については後の章で触れますが，ここでは政府が直接コントロールしている経済変数である政府支出 G に注目してみましょう。均衡国内総生産を完全雇用国内総生産の水準である600まで引き上げるには，政府支出 G をどれだけ増加させればよいでしょうか。実はちょうどデフレギャップ分の20ほど政府支出を増加させれば，均衡国内総生産の値は600になります。このことは，政府支出を20増やして $G=80$ とした場合の均衡国内総生産を計算することによって簡単に確かめることができます。以上の議論をグラフをつかって説明してみましょう。

　まず，図4-3を見てください。濃い線で示されている直線は図4-2と同じ状況が描かれています。均衡は A 点で示されており，それに対応して均衡国内総生産の水準は500になっていました。完全雇用国内総生産の水準（以下，記号では Y_F と書きます）である600の所得に対して，総需要がどれだけになるかは図の中の C 点で表されています。ところで図中の B 点は45度線上の点ですから，その高さは完全雇用国内総生産である600ということになります。したがってデフ

---

[10]　完全雇用国内総生産が，それに対応する総需要よりも小さい場合も考えられますが，このような状態は**インフレギャップ**と言います。インフレギャップがある場合についてはこの章では扱いませんが，デフレギャップの場合とほとんど同様にモデルを動かして分析することができます。

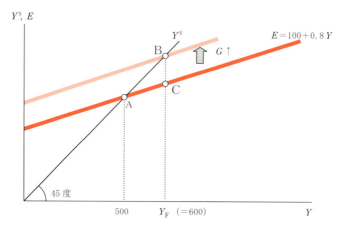

図4-3　政府支出増加の効果

レギャップは，図の中ではBとCの高さの差（線分BCの長さ）で表されています。均衡国内総生産が完全雇用国内総生産に一致するためには，総需要を表す直線がB点を通るように（図のうすい線で示されている線のように）上に持ち上げてやればよいことになります。上の計算で確かめたようにGを20増やして80にすると，総需要を表す直線は以下のような変化をします。

$$E = 100 + 0.8Y \quad \Rightarrow \quad E = 120 + 0.8Y$$

これは直線の（縦軸）切片がちょうど20増加していますから，直線全体が20だけ上にシフトしていることがわかると思います。このシフトによって均衡点がA点からB点に移動し，均衡国内総生産が完全雇用国内総生産と等しくなっています。ここで私たちは，45度線モデルを動かす一つの重要な道具を手に入れたことになります。それは，政府支出の増加（拡張的財政政策と呼ばれることもあります）を行なうと，総需要を表す直線は上にシフトするということです。

ところでここまでの議論を見て何か不思議な気がしませんか。数値例で計算した結果を振り返ってみてください。均衡国内総生産が500で，完全雇用国内総生産が600という状況で，均衡国内総生産を100増加させて完全雇用国内総生産

第4章　マクロ経済モデル事始－45度線モデルの構造　79

の水準までもっていくために，政府支出はわずか20増加させればよかったということになります。なぜわすか20の政府支出の増加によって，均衡国内総生産は100も増加するのでしょうか。この疑問を解くカギは前節で述べた乗数にあります。

　乗数の働きを知るために，（4－7）式で，G の値が1だけ増えた場合の均衡国内総生産の値（この値を Y' とおきます）を計算し，均衡国内総生産がどれだけ増加するかを求めてみましょう。

$$Y'=\frac{1}{1-b}\times[A+I+(G+1)+NX]$$

となりますから，

$$Y'-Y=\frac{1}{1-b}$$

となります。このことから政府支出 G を1増やすことによって，均衡国内総生産は$1/(1-b)$ だけ，すなわち乗数の値の分だけ増加したことが分かります。限界消費性向 b の値は1より小さいわけですから，乗数の値は1より大きいことが分かります。本章で用いている数値例では，限界消費性向 b の値は0.8ですから，乗数値を計算すると $1/(1-0.8)=5$，となります。政府支出を1増加させると均衡国内総生産は5増加しますから，政府支出を20増加させると均衡国内総生産はその5倍である100増加したわけです。ここでの乗数値5は，政府支出の増加に関する乗数値なので，**政府支出乗数**と呼ばれることもあります。

　このように乗数は，45度線モデルでは決定的に重要な役割を果たしていますが，その経済的な意味やさまざまな効果を理解するためには，乗数のさまざまなバリエーションに触れ，その値の変化を注意深く学習していかなければなりません。次章ではこのような観点から，乗数に焦点を当てて議論を展開していきます。

アドバンス

少し高度な数学的表記法に慣れよう

45度線モデルの中で，消費関数は $C=A+bY$ というように1次式で表わされていますが，より一般的には，

$$C=C(Y) \tag{4-9}$$

と書くことができます。（「シー・イコール・シーオブワイ」と読みます。）左辺の C は消費量を表わす変数であり，右辺の C は関数（所得 Y と消費 C を対応付ける規則）を意味しています。異なる意味をもった文字ですが，特に混乱が生じないような場合には同じ文字を使うことがよくあります。ところで，Y がわずかに変化したときに，C はどれだけ変化するでしょうか。このことを以下のような手順で考えてみましょう。まず，

$$C_0=C(Y_0)$$

が成立していたとします。点 $(Y_0,\ C_0)$ を接点として（4-9）のグラフに接する接線を表わす式は，Y_0 における微分係数を $C'(Y_0)$ とすると，次式のようになります。

$$C-C_0=C'(Y_0)(Y-Y_0)$$

したがって，この接線に沿って Y と C を動かす場合，Y の増分を ΔY，C の増分を ΔC とすると，これらの間には，以下のような関係が成り立ちます。

$$\Delta C=C'(Y_0)\Delta Y \tag{4-10}$$

増分の ΔY を限りなく小さくすると（点 $(Y_0,\ C_0)$ に限りなく近いところでは），接線と（4-9）のグラフとの乖離がほとんど無視できるくらい小さいと考えられますので，（4-10）式で示される関係は，接線上だけでなく，（4-9）式に対しても成立する関係とみなしてさしつかえないと考えられます。ただし，限りなく小さいという意味を表現するために，Δ ではなく d という記号を使って，

$$dC=C'dY \tag{4-11}$$

と書きます。この式を（4-9）式の一次近似（線型近似）といいます。また，

$$Y=C+I+G+NX$$

という45度線モデルの式に対して，右辺のそれぞれの増加分の和が左辺の増加分ですから，

$$dY=dC+dI+dG+dNX$$

という関係が成り立つことになります。dC のところに（4-11）式を代入すると，以下のようになります。

$$dY = C'dY + dI + dG + dNX \qquad (4-12)$$

この式で，$dI = dNX = 0$ であるとして，dY と dG の比を計算すると，

$$\frac{dY}{dG} = \frac{1}{1-C'} \qquad (4-13)$$

となります。この式は G のわずかな増分とそれに対する Y の増分の比が，$1/(1-C')$ であることを示しています。C' は限界消費性向ですから，（4-13）式の右辺は本文中で説明された乗数と同じものになります。実際（4-13）式のような計算を行なうことは，乗数の値を求めることに他なりません。

◁ 本章のまとめ ▷

1. マクロ経済学の代表的な理論モデルであるケインジアンモデルでは，マクロの財・サービス市場に関して，総需要に等しくなるように総供給（総生産）量が決定されるということを前提としています。これは有効需要の原理と呼ばれています。この原理に従うと，総需要が総供給より少ない場合には企業は生産を減少させ，総需要が総供給よりも多い場合には，企業は生産を増加させるという調整が行なわれることになります。

2. 45度線モデルは，有効需要の原理，総需要の構成式，消費関数，三面等価の原理の4つを組み合わせたモデルで，このモデルを解くことによって，均衡国内総生産を求めることができます。

3. 完全雇用の状態に対応する生産水準を完全雇用国内総生産と言い，このような状況を達成することが政府の大きな政策目標の一つになります。政府が完全雇用国内総生産を達成するための政策の一つとして，政府支出の増加（拡張的財政政策）があります。政府支出を増加させると，均衡国内総生産はその何倍か増加します。この倍率を（政府支出）乗数と言います。最も単純な45度線モデルでは乗数の値は（1-限界消費性向）の逆数になります。

─ ■その他のキーワード■ ─

価格メカニズム：価格が変動することによって需要と供給が等しくなるという市場のはたらき。

デフレギャップ：完全雇用国内総生産を達成するために必要な総需要の不足分。

インフレギャップ：完全雇用国内総生産を達成するために削減しなければならない

総需要の過剰分。

完全雇用：現在の賃金水準で働く意思を持っている非自発的な失業者がいない状態で，自発的失業（賃金が高くなれば働く人）や構造的失業（摩擦的失業，ミスマッチ失業など）は存在している。

《練習問題》

《概念の理解・定着問題》

問1 空欄を適語でうめなさい。

　　1）モデルのなかでどのような値になるかが決定される変数を ☐(1)☐ 変数とよび，モデルの外部で決定される変数を ☐(2)☐ 変数とよぶ。

　　2）45度線モデルが均衡する所得の水準を ☐(3)☐ 国内総生産とよぶ。これに対して「非」自発的失業者が1人もいない状態を ☐(4)☐ 状態とよび，これを実現する産出量を ☐(5)☐ 国内総生産とよぶ。

　　3）均衡国内総生産の規模が完全雇用国内総生産の規模よりも小さい場合，望ましい経済規模は現実の経済活動の規模よりも ☐(6)☐ く， ☐(7)☐ ギャップが発生しているという。

問2 以下の文章の ☐☐☐☐ の中に入る最も適当な語句を答えなさい。

　　有効需要の原理は， ☐(1)☐ に等しくなるように ☐(2)☐ が決定されるという仮説を指すが，これは企業が需要を ☐(3)☐ し，それにもとづいて生産を行なおうとするという行動原理であると言い換えることもできる。この原理にもとづいてマクロ経済理論モデルを構築するためには，消費量が ☐(4)☐ に依存するという関係を表わす消費関数，(2)と(4)がつねに等しいという ☐(5)☐ の原理の2つの条件が必要となる。

問3 国民所得が消費 C，投資 I，政府支出 G からなる経済において，いま，消費関数が $C=10+0.75Y$ で表され，投資 $I=17.5$，政府支出 $G=10$ であるとする。C，I，G，Y を内生変数と外生変数に分類せよ。

《スキル形成問題》

問1 家計と企業という2つの経済主体しかない経済がある（政府と海外部門は存在しない）。消費関数は $C=500+0.8Y$，投資は $I=1000$ とする。

　　1）財市場の総供給 Y^s は所得 Y に等しくなる。その理由を述べよ。

　　2）財市場の総需要 E を与えられた条件のもとで導出せよ。

　　3）均衡国内総生産を求めよ。

　　4）所得が7500のときの総需要と総供給の値を求めよ。

5）完全雇用国内総生産が8000とする。所得が8000のときの総需要と総供給の値を求めよ。この経済はどのような状態にあると言えるだろうか。

問2　45度線モデルにおいて，消費関数が $C=20+0.8Y$，その他の外生変数が $I=30$，$G=50$，$NX=10$，のように与えられているものとする。
- ⑴ 乗数の値はいくらか求めなさい。
- ⑵ 均衡国内総生産の値を求めなさい。
- ⑶ 均衡国内総生産に対応する貯蓄額を求めなさい。
- ⑷ 完全雇用国内総生産が600であるとき，これを達成するためには政府支出をどれだけ増加させなければならないか。

問3　海外と取引がない閉鎖経済を考える。この経済には家計，企業，政府が存在し，消費関数は $C=A+bY$，民間投資は I，政府支出は G である。
- 1）財市場の総供給 Y^s は所得 Y に等しいため $Y^s=Y$ である。その理由を述べよ。
- 2）財市場の総需要 E を与えられた条件のもとで記号を使って表現せよ。
- 3）均衡国内総生産を求めよ。
- 4）政府支出を（$G+1$）として均衡国内総生産を再度求めよ。
- 5）政府支出1単位の増加により，均衡国内総生産は何単位増加するのか。3）と4）で導出した式を使って答えよ。

問4　総供給を $Y^s=Y$，総需要を $E=1500+0.8Y$ とする。横軸に所得 Y を，縦軸に総需要 E と総供給 Y^s をとった座標平面に総需要と総供給のグラフを描け。軸との切片の値や線の交点の座標も明記せよ。

問5　均衡国内総生産 Y は5000，消費関数は $C=500+0.6(Y-T)$，政府税収は $T=1000$，政府支出は $G=600$ で，海外部門は存在しないとする。財市場が均衡するためにはいくらの投資 I が必要か。
　　選択肢　①600　　②1100　　③1500　　④2200

《未経験な複雑な問題への挑戦》

問1　45度線モデルにおいて，消費関数が，$C=10+bY$，その他の外生変数が $G=60$，$NX=0$，のように与えられているものとする。
また，均衡国内総生産は400であり，完全雇用国内総生産は480であった。政府が政府支出を20増加させて総額80とすることによって，完全雇用国内総生産が達成できたとする。このとき以下の設問に答えなさい，
- ⑴ 乗数の値はいくらか。
- ⑵ 限界消費性向 b の値はいくらか。
- ⑶ 投資 I の額はいくらか。

問2 次の数式はある国のマクロ経済である。

$Y=C+I+G$, $C=0.9(Y-T)$, $I=41$, $T=tY$, $T=G+B$

ここで政府支出 G が50, 国債償還費 B が20とする。このとき適切な税率 t はどれか？

選択肢 ①25% ②30% ③35% ④40% ⑤45%

第5章

乗数を究めよう－乗数のいろいろ

前章では，最も単純なマクロ経済モデルである45度線を使ったモデルを検討しました。1単位の政府支出はその乗数倍の国内総生産の増加をもたらすことを学びました。本章では，乗数にもいろいろな種類があり，乗数の値はそれぞれの場合に異なることを検討します。

> **本章で学習すること**
> 1．政府支出乗数は政府支出が1単位増加したときに，国内総生産が何単位増加するかを表します。
> 2．所得に比例する税金がある場合には，所得に対する限界消費性向は税金分小さくなり，そのため，乗数の値も小さくなります。
> 3．外国貿易を含むマクロ経済モデルで，輸入が所得に依存する場合には，所得の一部が海外に漏出するため，乗数はやはり小さくなります。
> 4．政府支出を増加させる場合，その原資を税金の同額の増加によって調達する場合［＝均衡財政］には，乗数はつねに1で，限界消費性向の値には左右されません。

1．政府支出乗数

第4章では消費関数が定数をもった所得の1次関数であり，所得増加の一部が消費増加にあてられる（すなわち，限界消費性向が1よりも小さい，いいかえれば，限界貯蓄性向が1より小さい）ために，政府支出などの独立支出の増加はその乗数倍の国内総生産の増加をもたらすことを学びました。

第4章のもっとも単純なマクロ経済モデルでは，政府支出，投資，独立消費

［＝消費のうち所得に依存しない部分］，および純輸出のいずれも，所得とは独立にその水準が決められます。このように所得とは独立に決められる支出を独立支出と呼びます。独立支出が1単位増加した場合，限界消費性向を b とすると，国内総生産は $1/(1-b)$ 単位だけ増加します。独立支出の増加分に対する国内総生産の増加分の割合を乗数とよびます。たとえば，$b=0.8$ の場合には，乗数の値は5［＝$1/(1-0.8)$＝1/0.2］になります。1単位の独立支出（例えば，政府支出）の増加がその5倍の国内総生産の増加をもたらします。なぜこのようなことが生じるのでしょうか。

　いま，政府が景気対策のためといって10兆円の公共投資を増加させたとします。その10兆円のうち4兆円は建設労働者の賃金支払いにあてられ，6兆円はトラック，セメント，砂利などの資材の購入にあてられるとします。[1] しかし，この6兆円分も結局は家計の所得に帰着します。というのも，トラックもセメントも砂利も労働サービスの提供の結果生み出されるものです。これらの生産過程では資本も利用されますから，一部は資本の利潤として分配されます。しかし，利潤も結局は配当などの形で家計に分配されます。結局，10兆円の政府支出は10兆円の政府支出需要を生み出しますが，10兆円の全てが家計の所得になります。[2] 家計は10兆円の所得の増加のうち限界消費性向倍だけを消費にあてます。すると，消費は8兆円［＝$10×0.8$］だけ新たに増加します。この8兆円の消費の増加が最終需要に新たに付け加わります。8兆円分は衣料，食料，レジャーなどの消費にあてられますが，これもまた，8兆円の家計の所得の新たな増加につながります。すると，家計はまた新たな8兆円の所得の増加のうちその0.8倍をさらに新たな消費の増加（$10×0.8^2$）にあてます。このように際限なく消費の増加が0.8倍ずつ増加しつつ波及していくと，追加される総需要は表5-1および図5-1に示すように，だんだん小さくなっていきます。ですから，これらの総和は決して無限大になるわけではありません。表5-1の合計欄に示す

---

[1]　ここでは購入される資材は全て国内で生産されるものとします。

[2]　家計が受け取る所得のうち一部は税金として国に納められます。ここでは，税金は定額であるため，新たに所得が生じてもその部分について税金が支払われることはないものと仮定しています。

表5-1 乗数過程

増加した最終需要支出の種類	支出の増加額(兆円)の計算式	支出の増加額(兆円)
1) 政府支出	10	10
2) 家計消費	10×0.8	8
3) 家計消費	10×0.8^2	6.4
4) 家計消費	10×0.8^3	5.12
5) 家計消費	10×0.8^4	4.10
6) 家計消費	10×0.8^5	3.28
7) 家計消費	10×0.8^6	2.62
8) 家計消費	10×0.8^7	2.10
…	…	…
合　　計		$10/(1-0.8)=50$

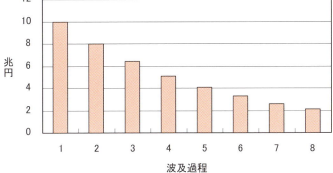

図5-1　政府支出が増加した場合の総需要の増加額(兆円)の推移

ように，全体での総需要の増加は50兆円になります。これは次式のように求められます。上のようなプロセスが n 段階進んだときの総需要の追加は

$$\Delta E = 10 + 10 \times 0.8 + 10 \times 0.8^2 + 10 \times 0.8^3 + \cdots + 10 \times 0.8^n \quad (5-1)$$

となります。（5－1）式の両辺にそれぞれ限界消費性向0.8をかけると，

$$0.8 \Delta E = 10 \times 0.8 + 10 \times 0.8^2 + 10 \times 0.8^3 + \cdots + 10 \times 0.8^{n+1} \quad (5-2)$$

となります。（5－1）式の両辺から（5－2）式の両辺をそれぞれ引くと，

$$(1-0.8)\,\Delta E = 10 - 10 \times 0.8^{n+1} \qquad\qquad (5-3)$$

となります。（5－3）式の右辺の第2項のnを無限大にすると，第2項は限りなくゼロに近づき，無視することができます。したがって，総需要の追加 ΔE は

$$\Delta E = 10/(1-0.8) = \frac{1}{0.2}\cdot 10 = 5\cdot 10 = 50 \qquad\qquad (5-4)$$

と，求められます。当初の政府支出の増加額に対する総需要の増加額の比率は**政府支出乗数**と呼ばれます。当初の政府支出の増加額は10兆円で，総需要の増加額は50兆円ですから，政府支出乗数は $50/10 = \dfrac{1}{1-0.8}$ になります。

　以上のような乗数が形成されるプロセスは，最初が政府支出であっても，あるいは，投資や輸出であっても，あるいは消費のうち所得からは独立した部分であっても同じです。いずれの独立支出であっても，10兆円の最初の最終需要の増加は50兆円の最終需要を生み出します。最初の支出が政府支出のときには政府支出乗数，投資の時には投資乗数，輸出の時には輸出乗数と名前をつけることができます（もっとも単純な財市場モデル［＝45度線モデル］による政府支出乗数の導出についてはアドバンス1を参照してください）。

　乗数の値は，限界消費性向が変われば変わります。例えば，限界消費性向が0.8ではなくて，0.75であるとすると，乗数は $1/(1-0.75)=4$ となります。限界消費性向が小さくなったことによって，家計が所得の増加のうち消費に割りあてる割合が0.8から0.75に減少したことで，新たに追加されていく消費も縮小するからです。

　より一般的に限界消費性向が b の場合，乗数の値は

$$\frac{1}{1-b}$$

となります。

第5章　乗数を究めよう－乗数のいろいろ　89

チョット考えてみよう？

練習問題
　もっとも単純化された財市場モデル［＝45度線モデル］で，消費関数の限界消費性向が0.6であるとき，投資が10兆円増加したとき，総需要はどれだけ増加するでしょうか。ただし，輸入は国内総生産には依存しないものとする。

解説　この場合の乗数は

　　　$1/(1-0.6)=1/0.4=2.5$

と求められます。したがって，総需要の増加は

　　　$10×2.5=25$

と求められます。

2．税が所得に比例する場合の乗数

　さて，前節では，消費関数が国内総生産の一次関数である最も単純化された財市場モデルの政府支出乗数について検討しました。本節では，所得に比例する税金があるために家計が実際に使える所得は所得から税金を引いた所得（これを可処分所得とよびます）になる場合の乗数を検討します。家計が実際に処分できる所得は税金の分だけ減少しますので，これは所得にかかる限界消費性向をその分削減することになります。例えば，限界消費性向が0.8のときに10％の比例税率が政府によって徴収されるとすると，家計が受け取る所得はYではなく，$0.9Y[=Y-0.1Y]$です。そのうち0.8が消費されるので，消費支出のうち所得に依存する部分は$0.72Y[=0.9Y×0.8]$です。この結果，消費関数は次のようになります。第4章で説明したように，消費関数のうち可処分所得に影響されない部分（独立消費）を10とすると，

　　　$C=10+0.8×0.9Y$

　　　　$=10+0.72Y$　　　　　　　　　　　　　　　　　　　（5－5）

となります。ただし，（5－5）式の右辺の1行目は限界消費性向0.8を可処分所

得 $0.9Y$ に掛けて，独立消費10に加えたもの，2行目はそれを整理したものです。所得に比例する税（比例税）がない場合には，Y の係数は限界消費性向の0.8でしたが，比例税がある場合には，Y の係数は0.72に減少しています。

　具体的な係数の値を一般化して表現すると

$$C＝C_0＋b(1-t)Y \hspace{4em} (5-5)'$$

となります。ただし，C_0は独立消費，b は限界消費性向，t は税率です。一般的な表現では，限界消費性向 b は $b(1-t)$ で置き換えられています。

　このような場合には，政府支出の乗数効果も低下します。というのも，家計の所得が増加するたびに新たに消費に付け加えられる額は所得増加分の0.72倍になるからです。そのため乗数の値は以前の 5 ［＝1/ (1−0.8) ］から 1/ (1−0.72) ＝3.57 へ減少します。より一般的な表現では乗数は

$$\frac{1}{1-b(1-t)}$$

となります（証明についてはアドバンス 2 を参照してください）。

　さて，このとき貯蓄はどうなるでしょうか。家計は税金が無い場合には，所得の20％，つまり，$0.2Y$ を貯蓄に回し，将来の消費の備えとしましたが，税金が差し引かれる場合には，税金を差し引かれた後の可処分所得の20％，つまり，$0.2×0.9Y＝0.18Y$ を貯蓄に回します。税金で差し引かれた分の80％を消費の削減により，20％を貯蓄の削減により賄う計算になります。より一般的な表現では，$(1-b)(1-t)Y$ が貯蓄に回されます。消費に支出されるのが $b(1-t)Y$ で，合計が $(1-t)Y$ になります。

3．均衡財政乗数

　政府が政府支出を10兆円増加させるとき，財源を国債によらずに同額の税金によって，財政均衡を維持するものとします。ただし，同額の税金は定額として，国内総生産の水準とは独立に課されるものとします（このことを定額税と

第5章 乗数を究めよう－乗数のいろいろ 91

よびます）。このような場合には，乗数効果は働くのでしょうか。この効果は，既に検討した政府支出の乗数効果と，税金を10兆円引き上げたときのマイナスの乗数効果との和によって，求められます。税金を10兆円引き上げたときのマイナスの乗数効果はどのように機能するのでしょうか。以下では，まず，税収の乗数効果を検討します。

　税金が課されていなかった状態から新たに，定額の税金10兆円が家計に課された場合の効果がどのように波及していくかを検討します。まず，課税により第1段階での家計の可処分所得が10兆円だけ削減されます。課税後の可処分所得から消費が行われます。課税前と比較したときの消費は0.8×10＝8兆円減少します。10兆円の可処分所得の減少に対して，家計は8兆円消費を削減し，2兆円貯蓄を削減することによって対応します。8兆円の消費の減少は消費財生産者の所得を8兆円削減し，結局消費財生産に関わる労働者の所得を8兆円減少させます。その結果，第2段階では8兆円の限界消費性向0.8倍の消費が減少します。このような消費の連鎖を通じて削減される総需要は次式の計算によって求められます。すなわち，

$$\Delta E = 8 + 8 \times 0.8 + 8 \times 0.8^2 + 8 \times 0.8^3 + \cdots\cdots$$
$$= 8/(1-0.8) = 40 \tag{5-6}$$

です。つまり，10兆円の税金の新たな徴収は総需要を全体として40兆円削減する効果を持っています（表5-2および図5-2参照）。他方で，10兆円の政府支出の増加は当初の10兆円を含めて50兆円の総需要の増加をもたらしますので，両者をあわせた効果は10兆円［＝50－40］になります。言い換えると，均衡財政を保ちつつ政府支出を増加させた場合には，政府支出と同額の総需要の増加をもたらします。つまり，政府支出の増加の財源を同額の税金によって賄う場合［＝均衡財政］の政府支出乗数を**均衡財政乗数**と呼びますが，均衡財政乗数は1になります。このことは限界消費性向がどのような値でも，また政府支出がどのような大きさでも成り立つ関係です（この45度線モデルでの証明についてはアドバンス3を参照してください）。

表5-2 定額税の乗数過程

減少した最終需要支出の種類	総需要の減少額(兆円)の計算式	総需要の減少額(兆円)
1）家計消費	8	8
2）家計消費	8×0.8	6.4
3）家計消費	18×0.8^2	5.12
4）家計消費	10×0.8^3	4.10
5）家計消費	10×0.8^4	3.28
6）家計消費	10×0.8^5	2.62
7）家計消費	10×0.8^6	2.10
8）家計消費	10×0.8^7	1.68
…	…	…
合　　計		$8/(1-0.8)=40$

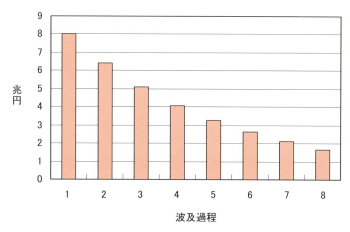

図5-2　定額税が課された場合の総需要の減少額(兆円)の推移

練習問題

もっとも単純化されたケインジアンの財市場モデルで，政府支出の増加5兆円を同額の定額税で賄うとき，国内総生産はどれだけ増加しますか。ただし，限界消費性向は0.6とします。

解説　政府支出が5兆円増加したときの総需要の増加は$5/(1-0.6)=12.5$兆円です。他方，5兆円を増税したときの総需要の減少は$5 \times 0.6/(1-0.6)=7.5$です。両者を合算した効果は$12.5-7.5=5$兆円です。結論的には，均衡財政乗数は1ですか

ら，国内総生産の増加は政府支出の増加額に等しく，５兆円になります。このこと
は限界消費性向の値がどのような値であっても成り立ちます。

４．輸入が所得に比例する場合の乗数

輸入は一国の国内総生産に依存します。国内総生産が増加する場合には，消
費財，投資財，原材料，および部品などの輸入が増加します。逆に，輸出は輸
出相手国の国内総生産の増減に応じて変動します。しかし，ここでは輸出は自
国の国内総生産からは独立で，外生的に決まっているもの（すなわち所与の値）
とします。他方，輸入は自国の国内総生産に依存しますので，一番単純な定式
化で，輸入 M は国内総生産 Y の１割になるものとします。すなわち，

$$M=0.1Y \qquad\qquad\qquad (5-7)$$

です。より一般的な表現では

$$M=mY \qquad\qquad (0<m<1) \qquad\qquad (5-7)'$$

となります。ただし，m は限界輸入性向を一般的に表現したものです。

輸入関数が（5−7）式であるとすると，輸出から輸入を引いた純輸出は $X-$
$0.1Y$ となります。このような場合には国内での所得の一部が輸入の形で海外に
漏出するので，10兆円の政府支出があった場合にも，国内での総需要の増加の
程度は純輸出が独立の場合に比較して，減少します。この場合には，限界消費
性向はそのままですが，先に検討した乗数の波及過程の各段階で，限界輸入性
向0.1を国内総生産に掛けた $0.1Y$ だけ総需要が漏出することになります。その
分，国内で創出される総需要は減少することになります。海外に漏出しなかった
需要部分が国内での追加的な生産につながり，家計の所得増加につながります。

いま，政府支出の10兆円の増加があった場合に，さしあたっては10兆円の政
府支出が総需要に追加されます。その需要が生み出す家計の所得10兆円のうち

表5-3 輸入が国内総生産に比例する場合の乗数過程

増加した総需要の種類	総需要の増加額(兆円)の計算式	総需要の増加額(兆円)
1）政府支出	10	10
2）家計消費	$10\times(0.8-0.1)$	7
3）家計消費	$10\times(0.8-0.1)^2$	4.90
4）家計消費	$10\times(0.8-0.1)^3$	3.43
5）家計消費	$10\times(0.8-0.1)^4$	2.40
6）家計消費	$10\times(0.8-0.1)^5$	1.68
7）家計消費	$10\times(0.8-0.1)^6$	1.18
8）家計消費	$10\times(0.8-0.1)^7$	0.82
…	…	…
合　　計		$10/(1-0.8+0.1)=33.33$

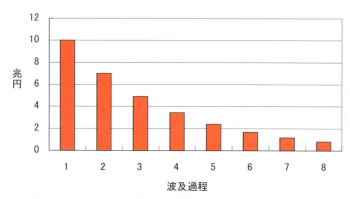

図5-3　輸入がある場合の政府支出の増加による総需要の増加(兆円)の推移

その限界消費性向0.8倍が消費にあてられますが，同時に，家計の所得10兆円のうちの限界輸入性向0.1倍は消費財や原材料などの輸入にあてられます。つまり，0.1×10兆円分の最終需要は輸入の形で海外に漏出します。そうしますと，波及の第2段階で国内で追加される総需要は（0.8−0.1）×10兆円＝7兆円になります。この7兆円は家計の所得になり，またその0.8倍が消費にあてられますが，同時に7兆円の0.1倍は輸入にあてられ，波及の第3段階で国内総生産の増加に結びつくのは4.9兆円［＝0.7×7］だけです。したがって，このような波及の連鎖が続いた場合の総需要の増加は以下のようになります。すなわち，

第5章　乗数を究めよう─乗数のいろいろ　95

$$\Delta E = 10 + (0.8 - 0.1) \times 10 + (0.8 - 0.1)^2 \times 10 + (0.8 - 0.1)^3 \times 10 + \cdots$$
$$= 10/(1 - 0.8 + 0.1)$$
$$= 33.3 \tag{5-8}$$

です。10兆円の政府支出が33.3兆円の総需要を新たに創出したのですから，乗数は3.33［＝33.3/10］倍になります（表5-3と図5-3参照）。

　より一般的な形で，限界消費性向を b，限界輸入性向を m とする場合には，**輸入が国内総生産に比例する場合の乗数**は

$$\frac{1}{1 - b + m} \tag{5-9}$$

になります（アドバンス4参照）。

アドバンス

1．政府支出乗数の導出

　45度線のモデルを使って，政府支出の変化の前後で，確かに均衡点における国内総生産の値が政府支出の乗数倍だけ増加することを確認しておきましょう。輸入も税金も国内総生産に影響されないとします。まず，消費関数を一般的な形で書いて

$$C = C_0 + bY \tag{5-10}$$

とします。ここでは定額税はなく，所得 Y は国内総生産に等しいものとします。C：消費，Y：国内総生産，C_0 は所得とは独立な基礎消費を表わす定数で，b は限界消費性向です。第4章で学んだように，マクロの均衡は総需要が総供給と等しいことによって実現できます。総需要は消費 C，投資 I，政府支出 G，および純輸出（輸出 X －輸入 M）の総和です。すなわち，

$$E = C + I + G + (X - M)$$
$$= C_0 + bY + I + G + (X - M) \tag{5-11}$$

（5-11）式の右辺の2行目は1行目の C に（5-10）式を代入したものです。マクロの均衡条件は総供給 Y＝総需要 E です。すなわち，

$$Y = E \tag{5-12}$$

です。（5-12）式の右辺に（5-11）式の2行目を代入しますと，次式が得られます。すなわち，

$$Y = C_0 + bY + I + G + (X - M) \tag{5-13}$$

です。（5-13）式を Y について解きますと、次式が求められます。すなわち、

$$Y = \frac{1}{1-b}[C_0 + I + G + (X - M)] \tag{5-14}$$

です。マクロ均衡における国内総生産は独立的な支出の総和、$C_0 + I + G + (X - M)$ の乗数、$1/(1-b)$、倍になっています。

さて、いま政府支出が G から $G + \Delta G$ に増加し、その結果国内総生産は Y から $Y + \Delta Y$ に増加したとします。ただし、ΔG は G の変化分を、ΔY は Y の変化分を表わします。すると、（5-14）式の G が $G + \Delta G$ に置き換わります。また、（5-14）式の左辺は $Y + \Delta Y$ に置き換わります。つまり、G が変化したのに伴って、Y も変化して、元の Y は $Y + \Delta Y$ になるからです。その結果、政府支出が増加した後の式は次式のようになります。すなわち、

$$Y + \Delta Y = \frac{1}{1-b}[C_0 + I + G + \Delta G + (X - M)] \tag{5-15}$$

です。（5-15）式の左辺が政府支出が ΔG だけ増加した後の新たな均衡での国内総生産の値を示しています。新たな均衡での国内総生産の値と前の均衡での国内総生産の値の差は ΔY になります。その値は（5-15）式の両辺から（5-14）式の両辺をそれぞれ引いて、

$$\Delta Y = \frac{\Delta G}{1-b} \tag{5-16}$$

と、求められます。つまり、新たな政府支出の増加分 ΔG の乗数 $1/(1-b)$ 倍の国内総生産の増加が実現しています。

政府支出の替わりに投資 I が ΔI だけ増加した場合の国内総生産の増加も同様にして求められます。その場合には国内総生産の増加は、$\Delta Y = \Delta I/(1-b)$ となります。輸出が増加した場合、あるいは輸入が減少した場合、あるいは、独立消費支出 C_0 が増加した場合の国内総生産の増加も同様に求められます。

アドバンス

2．税が国内総生産に比例する場合の乗数

税が国内総生産に比例する場合の最も単純なマクロ経済モデルは以下のようになります。ただし、輸入は総生産に依存しないものとします。（5-11）式の総需要関数は、（5-5）' 式を（5-11）式の1行目の C に代入して、

第5章 乗数を究めよう－乗数のいろいろ 97

$$E=C_0+b(1-t)Y+I+G+(X-M) \tag{5-17}$$

となります。（5－17）式を（5－12）式のマクロ均衡式に代入すると，

$$Y=C_0+b(1-t)Y+I+G+(X-M) \tag{5-18}$$

となります。これを Y について解くと，次式が求められます。すなわち，

$$Y=\frac{1}{1-b(1-t)}[C_0+I+G+(X-M)] \tag{5-19}$$

です。税がない場合の（5－14）式と比較しますと，分子は変わりませんが，分母は b の部分が $b(1-t)$ で置き換わっています。Y にかかる限界消費性向が b から $b(1-t)$ に置き換わったことになります。その結果，限界消費性向が0.8のもとで $t=0.1$ の場合，乗数は5［＝1/0.2］から3.57［＝1/(1-0.72)］へ低下しています。

アドバンス

3．均衡財政乗数の証明

定額の税金（これを定額税とよびます）10兆円を T とすると，家計の可処分所得は $Y-T$ になります。このとき消費関数は次式のようになります。すなわち，

$$C=C_0+b(Y-T)$$
$$=C_0-bT+bY \tag{5-20}$$

です。ただし，C：消費，C_0：消費関数の定数［＝所得とは独立な基礎消費］，b：限界消費性向，Y：国内総生産，T：定額税です。定額の税金の徴収がある場合，消費関数の限界消費性向はそのままですが，定数項が $-bT$ だけ減少します。

総需要 E は

$$E=C+I+G+(X-M) \tag{5-10}$$

です。ただし，I：投資，G：政府支出，$(X-M)$：純輸出です。
（5－10）式の総需要の右辺の C に（5－20）式を代入した上で，（5－12）式のマクロ均衡式 $Y=E$ に代入すると，次式が求められます。すなわち，

$$Y=C_0-bT+bY+I+G+(X-M) \tag{5-21}$$

です。これを Y について解くと，次式が求められます。すなわち，

$$Y=\frac{1}{1-b}[C_0-bT+I+G+(X-M)] \tag{5-22}$$

です。この場合の国内総生産 Y は定額税のない場合の（5-14）式の Y の値より $-bT/(1-b)$ だけ少なくなっています。これは T の定額税を導入した結果ですから，この値を T で割ると，定額税 T を導入した場合の乗数が求められます。すなわち，

$$\frac{-b}{1-b} \tag{5-23}$$

です。分子の値が1ではなく，b になっているのは，定額税 T がそのまま最初に消費を削減するわけではなく，その限界消費性向 b 倍の bT の消費が最初に削減されるためです。

　さて，均衡財政の効果を見るためには，定額税の他に同額の政府支出が加わるので，（5-22）式の右辺の G を $G+\Delta G$ に直した上で，左辺の Y の $Y+\Delta Y$ への変化を見ればよいことになります。ただし，$\Delta G=T$ です。そうすると，

$$Y+\Delta Y=\frac{1}{1-b}[C_0-bT+I+G+\Delta G+(X-M)] \tag{5-24}$$

となります。これを定額税も政府支出の増加もない場合と比較するために，（5-24）式の両辺から（5-14）式の両辺をそれぞれ引くと，次式が求められます。すなわち，

$$\begin{aligned}
\Delta Y&=\frac{-bT+\Delta G}{1-b}\\
&=\frac{(1-b)\Delta G}{1-b} \quad (T=\Delta G \text{ なので})\\
&=\Delta G \tag{5-25}
\end{aligned}$$

です。（5-25）式の2行目は $T=\Delta G$ であることを代入した結果です。3行目は，均衡財政の場合の国内総生産の増加は政府支出の増加分に等しくなっていることを示しています。したがって，乗数は $\Delta Y/\Delta G=1$ より，1です。つまり，均衡財政の場合の政府支出の乗数は1です。

アドバンス

4．輸入が国内総生産に依存する場合の乗数

　輸入が国内総生産に依存する場合の単純な45度線のマクロ経済モデルは定額税はないものとして以下のようになります。（5-11）式の総需要の右辺は

第5章 乗数を究めよう－乗数のいろいろ　99

$$E = C + I + G + (X - M)$$
$$\quad = C_0 + bY + I + G + (X - mY) \tag{5-26}$$

となります。(5-26) 式をマクロ均衡条件 $Y=E$ に代入しますと，次式が求められます。すなわち，

$$Y = C_0 + bY + I + G + (X - mY) \tag{5-27}$$

です。これを Y について解くと，

$$Y = \frac{1}{1-b+m}(C_0 + I + G + X) \tag{5-28}$$

と求められます。したがって，この場合の乗数は

$$\frac{1}{1-b+m} \tag{5-29}$$

になります。$b=0.8$, $m=0.1$ を代入すると，$1/(1-0.8+0.1)=1/0.3=3.33$ になります。

本章のまとめ

1. **政府支出乗数**は政府支出1単位の増加が新たに創出する総需要の単位数を示します。単純な45度線のマクロ経済モデルでは，限界消費性向が b であるとき，政府支出乗数は $1/(1-b)$ になります。

2. 所得に比例する税が徴収される場合には，政府支出乗数は $1/(1-b(1-t))$ になります。

3. **均衡財政乗数**は政府支出の増加の財源を同額の税金によって賄う場合 ［＝均衡財政］の政府支出の乗数で，この値は限界消費性向の大きさには依存せずに常に1になります。

4. 輸入が所得に比例し，比例定数が m の場合には，政府支出乗数は $1/(1-b+m)$ になります。

《練習問題》

《概念の理解・定着問題》

問1　次の説明にもっとも適切な語句を語群の中から選んで，その語句を記入しなさい。

1）政府支出の増加分に対する，それによってもたらされた国内総支出の増加分の

比率。

２）民間企業の投資の増加分に対する，それによってもたらされた国内総生産の増加分の比率。

３）輸出増加分に対する，それによってもたらされた国内総生産の増加分の比率。

４）政府支出の増加分の財源を同額の定額税によってまかなった場合の，政府支出の増加分に対する国内総生産の増加分の比率。

語群
 ①投資乗数 ②政府支出乗数 ③輸出乗数 ④均衡財政乗数
 ⑤貨幣乗数 ⑥比例乗数 ⑦輸入乗数

問2 次の文章に下線部に適切な語句を語群の中から選んで，その語句を記入しなさい。

 政府が沿岸防波堤の建設のために10兆円を新たに支出した。このとき，この10兆円は建設業者に支払われるが，建設業者はその資金で建設資材と建設労働者の賃金の支払いに当てる。建設資材メーカーは代金を従業員の賃金と自らの利益に充当する。従業員は新たに得た賃金の (1) 倍を消費に当てる。経営者も利益の (2) 倍を消費に当てる。消費の増加は消費財の生産の増加をもたらし，消費財製造業で働く従業員の賃金と企業利益を増加させ，企業利益の増加は経営者の所得の増加，株主の配当所得の増加をもたらす。これら所得の増加はその (3) 倍の消費の増加をもたらす。このような連鎖は，一国全体に (4) していく。その結果一国全体での総需要の増加は以下のように示される。ただし，限界消費性向は0.8とする。すなわち，

$$\Delta E = 10 + 0.8 \cdot 10 + 0.8 \cdot 0.8 \cdot 10 + 0.8 \cdot 0.8 \cdot 0.8 \cdot 10 + \cdots + 0.8^n \cdot 10 \qquad \cdots(1)$$

 ΔEの値を求めるためには，次の手順をへる。上式(1)の辺々に0.8をかけて，次の(2)式を得る。

$$0.8 \cdot \Delta E = 0.8 \cdot 10 + 0.8 \cdot 0.8 \cdot 10 + 0.8 \cdot 0.8 \cdot 0.8 \cdot 10 + 0.8 \cdot 0.8 \cdot 0.8 \cdot 0.8 \cdot 10$$
$$+ \cdots + 0.8^{n+1} \cdot 10 \qquad \cdots(2)$$

(1)式の辺々から(2)式の辺々を引くと，次式(3)を得る。

$$\Delta E - 0.8 \cdot \Delta E = 10 - 0.8^{n+1} \cdot 10 \qquad \cdots(3)$$

(3)式の右辺の第2項はnが限りなく大きくなる時限りなく0に近付くので，無視することができる。すると，(3)式は次のように書き換えることができる。すなわち，

$$(1 - 0.8) \cdot \Delta E = \boxed{\quad (5) \quad}$$

これより，$\Delta E = 10/(1 - 0.8) = 10/0.2 = 10 \cdot 5 = 50$

この50は一国全体の □(6)□ の増加になる。10兆円の公共土木事業がその □(7)□ （数値）倍の総需要の増加をもたらした。

語群
　①限界消費性向　　②平均消費性向　　③投資乗数　　④限界貯蓄性向
　⑤平均貯蓄性向　　⑥波及　　⑦総需要　　⑧5　　⑨10

問3　以下の設問に答えなさい。
　1）政府支出乗数とは何か説明しなさい。
　2）所得に税金がかかる場合に，政府支出乗数が小さくなる理由を説明しなさい。
　3）外国貿易を含むマクロ経済モデルで，輸入が所得に依存する場合に，乗数がより小さくなる理由を説明しなさい。
　4）均衡財政乗数とは何かについて説明しなさい。

《スキル形成問題》

問1　消費関数と総需要とが次の2式で与えられている。すなわち，

$$C = C_0 + 0.8Y$$
$$E = C + I + G$$

ただし，C：消費，C_0：基礎消費（定数），Y：所得，E：総需要，I：投資，G：政府支出です。政府支出が5兆円増加したときの所得の増加を求めなさい。式と答えを書きなさい。

問2　単純な45度線のマクロ経済モデルで，限界消費性向が0.75，比例税率が0.2のとき1単位の政府支出の増加は何単位の国内総生産の増加をもたらすか。計算式と答を求めなさい。

問3　対外貿易のない国内経済モデルが次のように与えられているとする。すなわち，

$$C = 10 + 0.8Y$$
$$Y = C + I + G$$

ただし，C：消費，Y：国内総生産，I：投資，G：政府支出，です。いま，政府が10兆円規模の公共投資を新たに追加し，その財源を同額の定額税で調達したとする。均衡国内総生産はどれだけ増加するかを求めなさい。

問4 対外貿易を含むマクロ経済モデルが次のように与えられている。すなわち,

$$C=20+0.6Y$$
$$Y=C+I+G+(X-M)$$
$$I=50,\ G=80,\ X=10$$
$$M=0.1Y$$

ただし, C：消費, Y：国内総生産, I：投資, G：政府支出, X：輸出, M：輸入, である。
　1）均衡国内総生産を求めなさい。
　2）投資が10増加したときに均衡国内総生産はどれだけ変化するかを求めなさい。

問5 ある国のマクロ経済モデルが次のように与えられている。すなわち,

$$C=10+0.8(Y-T)$$
$$T=10+0.2Y$$
$$I=98$$
$$G=120$$
$$X=20$$
$$M=10+0.1Y$$

ただし, C：消費, Y：国内総生産, I：投資, G：政府支出, X：輸出, M：輸入です。
　1）均衡国内総生産を求めなさい。
　2）投資が20増加したときに国内総生産はどれだけ変化するか, 求めなさい（小数点以下第2位まで）。
　3）そのとき純輸出はどのように変化するか, 求めなさい（小数点以下第3位まで）。

問6 単純な45度線のマクロ経済モデルで家計の限界消費性向が0.6から0.8に上昇したときに政府支出乗数の値が増加する理由を説明しなさい。

問7 所得税率が10％から20％に増加したときに政府支出乗数はどのように変化しますか。説明しなさい。

問8 外国貿易を含むマクロ経済モデルで, 輸入性向が10％から20％に増加するとき, 政府支出乗数はどのように変化するか説明しなさい。また限界消費性向 b が0.8のとき, 乗数の値の変化を示しなさい。

第5章　乗数を究めよう－乗数のいろいろ　103

問9　政府支出の増加分30兆円に対し，増税を10兆円行い，残りを国債発行によって賄った場合，国内総生産の増加の程度は均衡財政による政府支出の増加の場合と比較して，どのような差がでますか，説明しなさい。ただし，家計の限界消費性向は0.75とする。

《未経験な複雑な問題への挑戦》

問1　45度線のマクロ経済モデルで，以下の場合に，政府支出乗数の値がどのように変化すると考えられるか，判断し，説明しなさい。
　　1）公立高校と公立大学の年間の授業料が4割増加した場合。
　　2）外国人旅行客が増加した場合。
　　3）消費税率が0％から10％に上昇したとき。
　　4）消費税率の引き上げによって得られた財源が低所得者の教育費補助として使用されたとき。

問2　税金が所得に比例する以下の45度線モデルについて以下の設問に答えなさい。

$$C=10+0.75 \cdot (Y-T)$$
$$I=60, \ G=80, \ NX=10, \ T=0.2Y$$

ただし，C：消費，Y：国内総生産，I：投資，G：政府支出，T：税，NX：純輸出
　　1）均衡国内総生産を求めなさい。（式と答）
　　2）その時の税収を求め，政府の財政収支を求めなさい。
　　3）今，政府が政府支出を10，増加したとすると，均衡国内総生産はどのように変化しますか。また，そのときの政府支出乗数を求めなさい。
　　4）また，政府の財政収支はどのように変化するか，示しなさい。政府支出の増加分は税収で賄われるかどうか，示したうえで，上で求めた政府支出乗数は均衡財政支出乗数といえるかどうか，論じなさい。

投資関数と IS 曲線

　この章の前半では，民間投資支出（略して「投資」）を決める要因について検討します。第3章で紹介しましたが，投資支出の国内総支出（GDE）に占める割合は2割程度であるため，6割を占める消費支出に比べてはるかに重要性が低い支出項目に見えるかも知れません。しかし投資支出は，①景気循環に連動してGDEの増減を引き起こす主な原因であり，また，②生産施設や機械への投資は一国経済の中・長期的な生産規模を決定する要因でもあるため，その決定メカニズムを解明することはとても重要です。

　後半では，第5章までに導出した財・サービス市場の均衡式に投資関数を組込むことで，財・サービス市場を均衡させる所得と利子率の関係式を導き，その意味について考えます。

> **本章で学習すること**
> 1．民間投資支出の主な種類と，その特徴をまとめます
> 2．投資支出が利子率の減少関数になる理由を考え，投資に影響する他の要因も整理します
> 3．財・サービス市場を均衡させる所得と利子率の関係から，IS曲線の導出を行い，その意味について考えます

1．民間投資支出とは？

　日常生活の中で投資という言葉は，株式や不動産の購入を意味する言葉として使われており，それらは「**証券投資**」とか「不動産投資」とか，あるいは総

称して「投資」と呼ばれますが，本章で扱う投資とはまったくの別ものです。マクロ経済学での投資は，①企業が生産活動をするために建物や機械設備を購入すること［＝**設備投資**］，②企業が生産・販売活動を円滑に行なうため原材料や仕掛品，完成品を在庫として保有すること［＝**在庫投資**］，および，③家計が新たに住宅を建設・購入すること［＝**住宅投資**］を意味し，これらの投資をまとめて**民間投資**と呼びます。

　最近の日本の民間投資支出は，国内総生産の2割程度の規模です（表2-1を参照）。国内総生産に対する比率からすると，第3章で扱った民間消費支出の6割に遠く及びませんが，経済成長率の変動，つまり景気循環への寄与という視点からは，とても重要な要因であることは第2章の図2-1（日本の実質経済成長率の分解）で示したとおりです。[1] 中でも図2-4からわかるように設備投資の寄与度は変動幅も大きいため，景気を左右する重要な要因です。

> **チョット考えてみよう？**
> 証券投資を区別する理由は何でしょうか？
> 何故，株式や土地の購入はマクロ経済学でいう「投資」ではないのでしょうか。そもそもマクロ経済学でいう投資とは将来の消費のための財の購入と定義され，具体的には「資本財の購入」を投資と定義します。証券や土地への投資は，投資家個人からすればそれらを新たに購入したことになりますが，マクロ的に見ればこの取引は単に所有権が移転されたにすぎません。ですから，新規の設備や構造物の増加とは関係のないこれらの取引は，マクロ経済学では投資とは考えないのです。

　どうして投資はこんなに変動するのでしょうか。一般に，「アニマル・スピリッツ」（血気）と表されるように，企業がいくら設備投資を行うのか，は企業経営者の勘に依存する部分が大きい（すなわち，将来の景気動向や自社製品への需要などについてどのように予想を立てるのか）とも言われており，実際の動きを完璧に説明出来る理論はありません。そこで次節では，投資支出の変動を説明するいくつかの主要な理論の概要を設備投資を例にとってまとめます。更に，

---

[1]　寄与度については，井出・井上・大野・北川・幸村著『経済のしくみと制度（第3版）』（多賀出版，2015）などを参照。

第6章 投資関数とIS曲線 **107**

資本市場における「情報の非対称性問題」との関連についても紹介することにしましょう。

2．投資は何で決まる？

（1）投資の予想収益率と利子率の関係

　消費支出が家計の効用最大化行動から導かれるように，投資支出も企業の利潤最大化行動から導出されます。しかし，消費と投資の間には大きな違いが存在します。それは，消費が現在の欲求を充足するための財・サービスの購入であるのに対して，投資は将来の生産を増加させるための財の購入である点です。したがって，企業の投資行動は，現在の収益だけでなく不確実な未来の収益をも見越した異時点間での判断をもとになされます。[2] このように異時点間の意思決定では「利子率」が重要な役割を果たします。その理由について，個人でITベンチャーを始めようと考えているX氏を例に確認して見ましょう。

　X氏は，起業を思案中です。設立にあたって，5件の事業案（AからE）を発案しており，表6-1はそれらの投資額と年間の予想収益率を，予想収益率が高い順に列挙したものです。例えば，事業案Aをインターネットのプロバイダ事業としましょう。この事業に必要な施設は400万円で，必要な施設はすべてレンタル会社から1年契約で借りることにします。事業Aの予想売上高は年間440万円，即ち予想収益率は10％（＝（440－400)/400）です。話を簡単にするため，X氏はすべての事業を1年後に清算することにします。（さらに，事業はすべてX氏が行うので人件費はかからないものとします）。さて，X氏は事業案Aを採択すべきでしょうか。

---

[2]　第3章のアドバンスで紹介した「ライフサイクル仮説」に基づく消費行動は異時点間の予算制約の下でなされますので，厳密に言えば，投資だけが利子率と関係するわけではありません。また，耐久消費財などは長期間に渡って消費されるため，投資と同様に異時点間の意思決定が影響します。耐久消費財の購入は定義に従えば投資に分類されるべきものですが，国民経済計算上は消費に分類されています。

表6-1　X社の投資案件リスト

	A	B	C	D	E
投資額（万円）	400	100	300	200	100
予想売上高（万円）	440	108	321	210	103
予想収益率（％）	40/400 10％	8/100 8％	21/300 7％	10/200 5％	3/100 3％

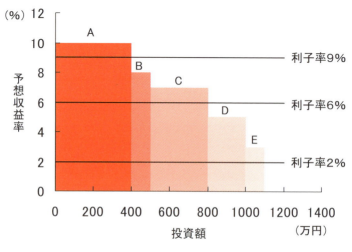

図6-1　X氏の投資プロジェクト

　アイデアマンのX氏ですが，ビジネスを始める資金が手元にありません。そこで，これまでにも個人の銀行口座を開設していたY銀行から融資を受けることにしました。もし「融資額には制限は無いが利子率は6％」という条件をY銀行が提示したならば，X氏の借入額はいくらになるでしょうか。表6-1によれば，案件A，B，Cはいずれも予想収益率が6％以上です。ですからこれらのプロジェクトを実施すれば，銀行への返済額を差し引いても利益を上げることができます。他方，案件DとEの予想収益率は6％以下ですから，これらのプロジェクトは実施する意味がありません。以上をまとめると，利子率が6％ならばX氏は800万円を借入れ，案件A，BとCを実施するため，図6-1にあるように総

投資額は800万円になります。

　しかし，もしＹ銀行の融資条件が「利子率9％で無制限」であったらどうでしょうか。この場合，案件Ａ以外のプロジェクトの予想収益率はすべて利子率以下となりますので，これらのプロジェクトは採択されません。よって，投資額は400万円になるでしょう。逆に「利子率が2％」ならば，案件ＡからＥまですべてのプロジェクトについて採算が取れることになり，総投資額は1100万円になるはずです。この例から，利子率と投資額との間には，利子率が高く（低く）なると投資額が少なく（多く）なるという負の関係があることが推測できます。投資額の規模が利子率に依存することから，投資は利子率の関数であることがわかります。更に，利子率が上がれば投資が減少するという負の関係にあることから，投資は利子率の減少関数であると言えます。

　この考え方を応用すれば，一国経済全体の設備投資と利子率との関係も導出できます。一国内には，収益率や投資規模では異なるものの，Ｘ氏と同様，複数の投資案件を抱える企業が多数存在しているはずで，彼らの投資総額は利子率と減少関数の関係にあることが類推できます。

　以上の関係を簡単な数式で表わしてみましょう。とりあえず民間投資増減は主に利子率で決まるものと考えることにして

$$I = I_0 - \beta r \qquad (I_0 > 0, \quad \beta > 0) \qquad\qquad (6-1)$$

と表わし，これを**単純な投資関数**と呼ぶことにします。ここでβは投資の利子感応度で，利子率が1％低下することで増える投資額を表します。ところで利子率以外にも投資額に影響を与える要因は存在します。例えば，汎用性の高い新技術が開発された結果，すべての事業案の予想収益率が2％ずつ上昇するならば，これは実質的には利子率が2％下がることと同じです。（6−1）式のI_0はこのような状況の変化を表わします。図6-2はこの単純な投資関数を図示したもので，利子率が高い（低い）ほど投資額が低く（高く），また利子率が変化しなくても予想収益率が上昇（低下）する場合には投資額が多く（少なく）なることがわかります。なお図6-2では縦軸が利子率rなので，直線の傾きが$-1/\beta$，縦軸の切片がI_0/βである点に注意して下さい。

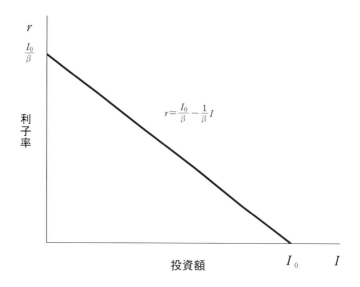

図6-2　単純な投資関数

> **チョット考えてみよう**
>
> 　銀行融資の代わりに自己資金を使ったらどうなるでしょうか？
> 　X氏が資産家で潤沢な自己資金を有している場合，投資額はどうなるのでしょうか。実はこの場合も，利子率との関係で決まります。仮に利子率が6％とし，この利子率で借入れや預け入れが行われているとします。予想収益率が6％以上の投資案が実施されることは間違いないのですが，他の投資案は何故採択されないのでしょうか。X氏は，6％よりも低い投資案に資金を投入すべきか，あるいは6％の利子率で銀行に預けておくべきか，の選択に迫られます。合理的な選択をする人であれば，当然，収益率の高い銀行預金を選択しますから，自己資金の有無は投資額の規模に影響しないことになります。

　X氏を例に，投資と利子率との関係を導きましたが，現実には問題はもっと複雑です。本節の締めくくりとして，2点だけそれらの問題に触れておきましょう。第一点は，通常の投資の意思決定は数年先の予想収益率に依存するという点です。企業による工場設備の拡張は，前述の例のように1期間だけでなく，

より将来の予想収益率を見越して実施されます。よって将来の予想収益の流列と借入れコストとを比較しなくてはなりません。その代表的な方法としては，割引現在価値や内部収益率にもとづく評価方法と呼ばれるものがあります。[3] これらの手法は上記の例よりも複雑ですが，投資と利子率との間には「単純な投資関数」で表わされたものと同様の関係が見出されるため本質的にはこれまでの結論に変更はありません。

　第二点としては，X 氏の例で想定した設備のレンタルは一般には不可能であるという点です。よって，例えば X 氏が事業開始時に設備を購入して 1 年後の清算時に売却した場合，売却価格は購入価格から資本減耗による減価分を引いたものよりも安くなっている可能性があります。よって，レンタル市場が存在しない業種や，中古市場での価格形成が不十分であるような産業では，予想収益率から減価分を調整する必要がでてきます。

（2）さまざまな投資理論

　前節では，投資が実質利子率の減少関数であることを示しました。しかし，投資額を決定するのは利子率だけではありません。投資は将来の生産量の増加に結びつきますから，将来の販売量の見通しは現在の投資を左右する重要な要因の一つです。また，財・サービスの生産には設備などの資本財だけではなく労働力などの他の生産要素も投入されますから，賃金や資本レンタル料などの価格が変化すれば，生産に使用する労働と資本財の構成比率にも影響します。さらに，資本ストックの拡張（例えば工場の建設）には時間がかかりますから，企業は常に最適な量の資本ストックを備えているとは限らず，実際の投資はこの最適規模へ徐々に調整するプロセスと考えられます。そこで以下では，現実のマクロ投資を説明するのに欠かせないこれら 3 つの要因についての投資理論を整理します。

　第一の理論は**加速度原理**と呼ばれるもので，投資は販売量の増加分に比例す

---

[3]　コーポレート・ファイナンスに関わる投資の意思決定については，相原・上田編著『企業経営入門』（多賀出版，2004）第 9 章の 2 節などを参照。

る、という考え方です。いま、生産量 Y を1単位生産するために v 単位の資本財 K が必要であるとしましょう。[4] このとき、t 期の生産量 Y_t と資本ストック K_t との関係は

$$K_t = vY_t \qquad (6-2)$$

で表わせます。同じ関係が t−1 期にも成り立つとすれば、t−1 期の生産量と資本ストックとの関係は

$$K_{t-1} = vY_{t-1} \qquad (6-3)$$

となります。ここで（6−2）式の両辺から（6−3）式の両辺をそれぞれ引いて

$$K_t - K_{t-1} = v(Y_t - Y_{t-1})$$

とすれば、t−1 期から t 期にかけての資本ストックの変化分、すなわち t 期の投資 I_t が、t−1 期と t 期の生産量の変化分に比例するという関係が導かれます。これが加速度原理と呼ばれる理論で、投資額を説明する要因として、生産の動向、あるいは販売の動向に注目するものです。

　　　　　身近な例で、加速度原理で説明できそうな投資行動にはどのようなものがあるでしょうか？
　例えば、デジタル家電ブームに沸いた電気機器業界が、国内での生産拠点拡大を積極的に推し進めたことがありました。プラズマ TV などへの新たな需要（＝Y の増加）が、これを生産する企業の投資を拡大させている訳で、この現象は加速度原理で説明できると思われます。
　また加速度原理は、在庫投資を説明する理論としても有効です。コンビニが、売れ筋の商品の在庫を抱える理由も、加速度原理から類推できるでしょう。

---

[4]　v は資本産出係数または資本係数と呼ばれる定数で、資本ストックと生産量との間の固定的な技術的関係を示します。（6−2）式は $Y=(1/v)K$ と変形できますから、この式が資本のみを使用する線形な生産関数を表していることがわかります。

第二の理論は，資本レンタル料と賃金や原材料費などとの生産要素価格比に基づく理論です。資本財と労働力などのその他の生産要素を利潤が最大になるように組み合わせて生産活動を行っている企業があったとしましょう。ところがあるとき外国人労働者が国内に流入したため賃金が資本レンタル料に比べて安くなったとします。この場合，この企業は資本財に代わって安い労働力をより多く利用するように生産要素の組み合わせを変更するでしょう。逆に賃金が上昇すれば，労働投入の量を少なくするような組み合わせを選ぶはずです。

この理論が想定するような現象は,石油価格が上昇した第1次石油危機以降,企業が石油を節約するような投入要素の組み合わせを選択するというかたちで顕著に生じました。また，「狂乱物価」と呼ばれる急進的な一般物価水準の上昇を反映して，労働賃金も上昇しましたので，労働節約的な技術が選択され，資本への代替が進みました。

第三の理論は資本ストックの蓄積に時間がかかることに着目した理論です。上述したように，労働や資本財の価格の変化は，企業にとって望ましい生産要素の投入比率（労働や資本の構成比）を変化させます。そのため企業にとって望ましい資本ストックの規模も変化します。ここで重要なことは，現実の問題として，現在の資本ストックの水準からより望ましい資本ストックの水準へ柔軟にかつ瞬時に調整することは一般的には不可能であるという点です。その代わり，望ましい資本ストックの規模へ数ヶ月あるいは数年かけて調整していくことになり，このように投資が行われることをストック調整原理と呼びます。

以上のように，投資支出の規模は利子率の他にもさまざまな要因に基づいて決まります。

> ### アドバンス

> ### トービンの *q* 理論

> 企業の設備投資動向を株式市場の株価動向と関連付けて分析したのがトービン（James Tobin, 1918〜2002年）です。彼の投資理論−*q* 理論−によれば, 企業の設備投資額は以下の比率（これをトービンの平均の *q* と呼びます）
>
> q＝企業の市場価値／資本財の更新価格
>
> と密接な関係にあることが示されます。ここで,「資本財の更新価格」とは企業が保有する資本財を再購入するのに必要な資金額を意味し,「企業の市場価値」とは市場が評価するその企業の価値（＝株価×発行済み株式総数＋負債の市場価値）を差します。
>
> もし *q*>1 であれば, 市場はその企業の価値を保有する資本財以上に評価していることになり, よって企業は市場から「設備投資を行って企業規模を拡大すべきだ」という支持を得ていることになります。逆に *q*<1 ならば, 市場はその企業が持つ資本財の総額よりも低い価値しか認めていないわけですから, 資産の売却（＝負の投資）をして資本ストックの規模を削減することが望まれます。

（3）段階的な借入れコストと投資支出

ここまでの議論は, 企業が一定の利子率 *r* で必要な投資資金をいくらでも調達可能であることを前提としていました。しかし, 資本市場での借り手（＝企業）と貸し手（＝銀行など）の間に「情報の非対称性」が存在する場合, この前提が現実的でないことが指摘されています。[5] 前述の X 氏の例で考えて見ましょう。情報の非対称性が存在しない状態での利子率を 2 ％とします。X 氏がこれまで取引の無かった（つきあいが無いために X 氏のことがよくわからないので, 情報の非対称性が存在する）Z 銀行に融資を相談したところ, 4 ％で300万円までなら融資できると回答されました。Z 銀行が高い利子率を課してきた

---

[5] 情報の非対称性とは, 貸し手が知っている情報は公表データなどによるもので, 限定的なのに対して, 借り手は投資内容についてその危険性や借入金の本当の使用方法などについて貸し手よりは詳しく知っている状態を指します。より詳しくはミクロ経済学のテキスト（例えば, 伊藤元重著『ミクロ経済学』, 日本評論社）のレモン市場に関する説明を見てください。

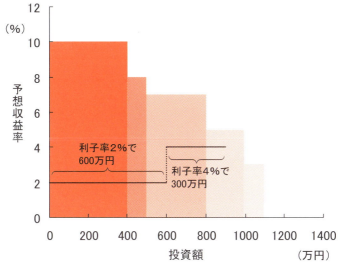

図6-3 借入れコストが異なる場合

のは、事業内容についてのリスクを上乗せしたためで、その差を**リスクプレミアム**と呼びます。

X氏には、利子率2％で600万円の銀行預金があり、これも投資資金に使うとしましょう。このように、資金調達の手段によって借入れコストが異なる場合、借入れコストは図6-3のように階段状になります。この場合、X氏は銀行から200万円の融資を受け、自己資金と合わせて800万円（投資案A、B、C）の投資を実施します。

通常、資金を借りるときには事業内容について説明しなくてはなりません。前述のプレミアムは、借り手と貸し手の間の情報交換が困難になればなるほど高くなると考えられますから、社債や株式を発行しようとすればその借入れコストは更に高くなることになります。ここで重要な点は、借入れ費用が右上がりの階段状になっているため、本章の前半で想定したような一定の利子率下での設備投資額に比べて小規模になる点です。2節で導出した単純な投資関数では、投資額が利子率の水準と比例関係にあることになっていましたが、段階的な借入れコストの存在を前提とするのであれば、階段の高さ（プレミアム）も

投資を決める上で別の要因になるであろうことは，容易に想像できます。

　では，情報の非対称性は，現実にはどの程度重要な問題だったのでしょうか。間接金融が主流であった時代，多くの日本企業は系列企業内の都市銀行（メインバンク）からの融資を使って設備投資を実施していました。[6] 70年代から80年代前半までの期間を分析したある実証研究によれば，系列に属していた企業の方がそうでない企業に比べて順調に設備投資を実施できたことが確認されており，情報の非対称性が投資の意思決定に重要な影響を及ぼしたことが示されています。[7]

3．IS 曲線の導出

（1）「財・サービス市場での需給が均衡している状態」とは？

　第4章でふれましたが，総需要 E が財の総供給 Y^S に一致するとき財・サービス市場は均衡状態にあるといいます。ところで，総需要 E は家計の消費，企業の計画された投資，政府の消費，および海外部門への純輸出の和として

$$E=C+I+G+NX$$

で表わされます。ここで，右辺の消費 C 以外の需要項目は所得 Y とは独立に決まると仮定しているため，$I+G+NX$ は計画された総独立支出と呼ばれます。

　一方，財・サービスの総供給 Y^S は実質国内総生産と等しく，また三面等価性から所得 Y に等しくなります。Y から家計の消費 C を除いたものが一国全体の総貯蓄で，これには家計の貯蓄 S や政府の租税収入 T などが含まれます。[8] す

---

[6]　井出・井上・大野・北川・幸村著『経済のしくみと制度（第3版）』（多賀出版，2015）第4章を参照。

[7]　Takeo Hoshi, Anil Kashyap, and David Scharfstein "Corporate Structure, Liquidity, and Investment: Evidence From Japanese Industry Groups", *Quarterly Journal of Economics,* pp.33-60, 1991.

[8]　「政府の租税収入 T など」は，より正確には，政府の純租税と企業の総貯蓄から海外から

なわち,

$$Y(=Y^\mathrm{S})=C+S+T$$

となります。

　以上の2式を財・サービス市場の均衡条件 $Y^S=E$ に代入することで

$$C+S+T=C+I+G+NX$$

を得ます。両辺に登場する C を取り除き, 式を変形すると

$$S+(T-G)+(-NX)=I \qquad\qquad (6-4)$$

となります。左辺の3つの項目は, 左から順に, 民間部門の貯蓄, 政府部門の貯蓄, 海外部門の貯蓄, を表わします。$T-G$ や $-NX$ が政府貯蓄や海外貯蓄と呼ばれるのは何故でしょうか。貯蓄＝所得－支出という定義に戻って考えてみましょう。民間部門にとって T は納税額ですが, 政府にとって T は逆に収入(＝税収)です。よって税収 T から支出額 G を差し引いた額が政府貯蓄となります。同様に, 海外部門にとっては, 日本の輸入額が彼らの所得に, 日本の輸出が彼らの支出になるため, $-NX$, すなわち純輸入額が海外部門の貯蓄額に等しくなります。

　以上をまとめると, (6-4) 式の左辺は, 部門ごとの貯蓄額を合計したものになります。更に式 (6-4) は, この貯蓄総額が, 民間投資 I と等しいことを示しています。よって, 財・サービス市場が均衡する状態では, 投資 I (Investment) が貯蓄 S (Saving) に一致していることが確認できます。このことから, 財・サービス市場の均衡は, 貯蓄と投資の均衡と同じ意味であることがわかります。

の純要素所得を除外したものです。ここで, 政府の純租税とは政府の税収から補助金や年金などの移転支出を取り除いたものを指します。

（2）単純な投資関数と IS 曲線の導出

　前節では，財・サービス市場が均衡している状態，すなわち貯蓄と投資が一致している状態，を紹介しました。一見，普通に成立している状態のようにみえますが，総需要（計画された総支出）が実際の総供給に一致しなくてはいけないわけですから，実はある条件の下でしか成立しません。次に，このことを簡単なモデルで確認してみましょう。

　モデルでは二つの仮定をおきます。第一の仮定は，このモデルでは短期的な経済現象に限定して分析を行うことにします。ここで「短期」とは，物価水準や賃金が完全雇用を保証するほど十分伸縮的ではない状態（より単純化して物価水準と賃金は一定と仮定されます。）を意味することにします。よって，モデル中の重要な変数である利子率については，名目利子率＝実質利子率という関係が成立するため，以下では実質利子率 r を使って分析を進めます。第二の仮定は，民間消費 C を Y の関数として，また民間投資 I を r の関数で表し，それ以外の変数 T, G, M と X は Y や r の値が変化しても影響を受けないこととします。以上の仮定をもとに貯蓄と投資の均衡式（6−4）を書き直すと

$$\{Y-C(Y)-T\}+\{T-G\}+\{M-X\}=I(r) \qquad\qquad (6-5)$$

となります。この式中で値が主導的に変化する変数は，Y と r だけであることに注意して下さい。C と I も変化しますが，それは Y あるいは r の値が変化した場合にその影響を受けて受動的に変わるだけであるため，以下では Y と r だけに注目します。IS モデルの全体像は表6-2にまとめてあります。

　Y と r だけに注目すればよいことは，数値例を使うことでより明確になります。

消費関数	$C=A+bY$	$C=10+0.6Y$
投資関数	$I=I_0-\beta r$	$I=120-4r$
純輸出	$NX(=X-M)$	$NX=10$
税収	T	$T=0$

第6章　投資関数と IS 曲線　119

表6-2　IS モデルの全体像

式	条 件	意 味
$C = A + bY$	A, b は定数, $0 < b < 1$	消費関数
$I = I_0 - \beta r$	I_0, β は定数, $\beta > 0$	投資関数
$Y^S = Y$		総供給＝所得
$Y^S = E$		総供給＝総需要
$E = C + I + G + NX$	G, NX は定数	総需要の構成要素

集約型

$Y = C + I + G + NX$	G, NX は定数	
$C = A + bY$	A, b は定数, $0 < b < 1$	
$I = I_0 - \beta r$	I_0, β は定数	

解

$$r = \frac{A + I_0 + G + NX}{\beta} - \frac{1-b}{\beta} Y$$

　　　政府支出　G　　　　　　　　$G = 70$

以上の数式を（6－5）式へ代入して整理すると

　　　$r = 52.5 - 0.1Y$

を得ます。Y の係数の符号がマイナスであるため，国内総生産の増加は実質利子率の低下を伴うことになります。

　いま仮に，マクロ全体の貯蓄と投資が偶然一致していたとしましょう。このときの所得と利子率の組み合わせを (Y_0, r_0) とします。次の瞬間，何らかの理由で所得 Y が 1 単位増加して Y_1 になったとします。普通，限界消費性向は 1 よりも小さいため，$C(Y)$ の増加分 $C(Y_1) - C(Y_0)$ は Y の増加分である $Y_1 - Y_0$ ほどには増加しません。よって所得の増分は新たな民間貯蓄を生み出すことになります。このとき，等号関係を維持するためには，右辺も同じ額だけ増加しな

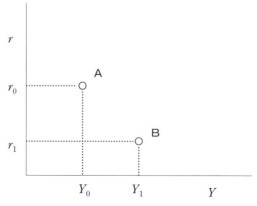

図6-4　異なる２つの財・サービス市場均衡

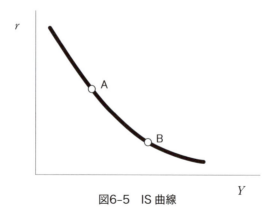

図6-5　IS 曲線

くてはなりません。右辺の投資は r の減少関数でしたから、I を増やすためには新たな r_1 は r_0 よりも低くなるはずです。

　このことを図示すると図6-4のようになります。縦軸には利子率を、横軸には国内総生産をとった平面において、点 A が初めの均衡状態、点 B が新たな均衡状態です。では、点 A と点 B との間はどうなるでしょうか。所得が１単位ではなく、半単位増えたとすれば、利子率は r_1 ほど下がらなくても均衡を達成できるでしょう。この考えを応用すれば、いろいろな Y の値と、その下で均衡を達成する r との組み合わせが無数の点として存在することになり、これらを線で結ぶと図6-5のように右下がりの線になります。これが **IS 曲線** です。IS 曲線が、

財市場を均衡させる利子率と国内総生産の無数の組み合わせからなることがわかります。

本章のまとめ

1. **民間投資**支出は，企業による**設備投資**と**在庫投資**，および家計による**住宅投資**から構成され，その対国内総生産比率はおよそ２割です。経済成長率への寄与度や変動幅が大きいという特徴があります。

2. 投資支出の規模は，投資の予想収益率と投資資金の借入れコスト（＝利子率）とを比較して意思決定されるため，利子率の減少関数になります。但し，これだけでは現実の投資支出の動向は説明し尽くせません。これを補完する理論として，**加速度原理**や**要素価格比**に基づく理論，および**ストック調整原理**などがあります。更に，資本市場での借り手（＝企業）と貸し手（＝銀行など）との間に情報の非対称性が存在することも投資規模を決定づける重要な要因です。

3. **IS曲線**とは，財・サービス市場での均衡をもたらす利子率と国内総生産との組合せを示す曲線で，均衡を示す式がマクロの投資（Investment）とマクロの貯蓄（Saving）の一致を示すことからそう呼ばれます。財・サービス市場が均衡している状態から利子率が上昇（下落）するならば，それは国内総生産の減少（増加）を伴います。

■その他のキーワード■

証券投資：株式や債券の購入を示す用語。日常生活の中での投資は証券投資を意味することが多いため，マクロ経済学での投資と区別することが重要。

単純な投資関数：投資は利子率が上昇すれば減少することを示す関数。

《練習問題》

《概念の理解・定着問題》

問1 マクロ経済学の民間投資に含まれるのはどれか。以下の選択肢から１つ選べ。
選択肢 　①証券投資 　　②不動産投資 　　③住宅投資 　　④株式投資

問2 次の表はX社の投資案件のリストである。それぞれの状況のもとで適切な投資額を選択肢から選べ。

	A	B	C
投資額	100万円	100万円	100万円
予想収益率	8%	6%	4%

１）利子率が５％のとき投資額はいくらか？
２）X社は自己資金が500万円ある。利子率が９％のとき投資額はいくらか？
選択肢　①０円　　②100万円　　③200万円　　④300万円

問3　財・サービス市場の均衡条件から導いた次式の $T-G$ の意味は何か。

$$S+(T-G)+(-NX)=I$$

①海外部門の貯蓄　②政府部門の貯蓄　③民間部門の貯蓄　④政府部門の投資

問4　次の記述が示す用語を答えなさい
１．財市場を均衡させるような利子率 r と実質国内総生産 Y の組合せを表す曲線
を　(1)　曲線とよぶ。
２．横軸に実質国内総生産 Y を，縦軸に利子率 r をとった２平面において，IS曲線
は右　(2)　がりの線になる。
３．　(3)　曲線上にない点が与える利子率 r と実質国内総生産 Y の組合せで
は財市場の需要と供給は一致しない。
４．IS曲線を境にして，右上の領域の点が与える利子率 r と実質国内総生産 Y の組
合せでは，財市場は　(4)　が超過状態にある。

《スキル形成問題》

問1　ある企業が５種類の設備について投資計画を練っている。以下の表はそれぞれ
の設備の価格と予想売上高である。利子率が6.5％ならば，この企業はどの設備に対
して投資を実行すべきだろうか。以下の問いに順に答えよ。

設備	A	B	C	D	E
設備の価格（万円）	20	40	60	80	100
予想売上高（万円）	22	45	63	82	106
予想収益率（％）					

１）設備ごとに予想収益率を計算せよ。
２）予想収益率が一番高い設備はどれか。また一番低い設備はどれか。高い順に並

第6章　投資関数と IS 曲線　123

べよ。

3）利子率と予想収益率との関係から投資すべき設備を選択し，投資額を決定せよ。

問2　ある国のマクロ経済が次のようになっている。

$$Y=C+I+G,\ C=40+0.8Y,\ I=40-20r,\ G=30$$

1）この国は開放経済か，それとも閉鎖経済か。
2）IS 曲線の式を導け。式は $r=\cdots$ の形に整理すること。

《未経験な複雑な問題への挑戦》

問1　図6-2のような単純な投資関数のグラフを描き，以下の変化がどのような変化をもたらすのかを説明しなさい。

1．経営者が「来期の業績は楽観できそうだ」と感じたとき。
2．海外から資本財関連の新技術を輸入することよって，新規生産設備の生産性向上が見込まれるとき。
3．中央銀行による金融緩和政策により，政策金利のさらなる引き下げが決定したとき。

問2　次の文章中の ☐ に適切な語句を記入しなさい。

1．利子率が年率 r ならば1年後に得られる100万円の現在価値は ☐(1)☐ である。
2．景気回復によって来期以降の収益増加が期待できる。このとき投資関数は ☐(2)☐ にシフトする。これによって現在の利子率 r の下での投資額は ☐(3)☐ する。
3．資本財価格が労働賃金率に比べて上昇した。以前と同水準の生産を費用最小化の下で実現するには，資本財の投入を以前より ☐(4)☐ ，また労働量の投入を以前より ☐(5)☐ する必要がある。
4．トービンの q とは，企業の ☐(6)☐ と資本財の ☐(7)☐ との比率と定義され，この値が1よりも ☐(8)☐ 場合は追加的投資による企業規模の拡大を，また1よりも ☐(9)☐ 場合には資産売却による規模の縮小を株式市場が支持していることを意味する。

問3　次の閉鎖経済を考える。

$$E=C+I+G,\ C=A+bY,\ I=I_0-\beta r,\ Y^S=Y,\ Y^S=E$$

1）IS 曲線の式を導出せよ。式は $r=\cdots$ の形に整理すること。
2）横軸に産出量 Y を，縦軸に利子率 r をとった座標平面に IS 曲線のグラフを描

け。軸との切片の値を明記せよ。

3）政府支出が$G+1$になったとする。2）で描いたグラフにこの変化を描き加え
　　よ。

4）汎用的な新技術が開発された結果，民間投資の予想収益率が一様に改善し，そ
　　の変化がI_0に表れたとする。I_0の値は以前よりも大きくなるか，それとも小さく
　　なるのか。2）と同じグラフをもう一度別に描き,さらにこの変化を描き加えよ。

第7章

マクロ経済と貨幣－貨幣需要関数とLM曲線の導出

　実質貨幣需要量と実質貨幣供給量とが等しいとき貨幣市場の均衡条件が成立します。本章では，貨幣市場の均衡を満たす利子率と実質国内総生産の組合せを示す曲線であるLM曲線を導出します。市場経済の下での経済活動は貨幣を交換手段として行われるため，貨幣市場の需給均衡が実質利子率に影響を及ぼし，そのため投資も影響を受け，財市場の均衡にも重要な影響を及ぼします。[1]どのように貨幣市場の均衡がもたらされるかは経済活動の動向を把握する上でも極めて重要です。

本章で学習すること

1．人々はどのような動機に基づいて貨幣を保有するかを検討します。
2．中央銀行（日本では日本銀行）がどのように貨幣供給をおこなうかを検討します。
3．貨幣市場均衡の結果得られる利子率と実質国内総生産の関係をLM曲線として導き出します。

1．貨幣需要の動機

（1）取引動機貨幣需要と予備的動機貨幣需要

　私たちが日常，貨幣を身近に保有するのは，生活に必要な商品やサービスを

---

[1]　このような貨幣市場均衡が財市場均衡に影響を及ぼすと考えたのはケインズで，第2次

購入するためです。お金がなければ，電車にもバスにも乗れず，昼に必要なお弁当を買うこともできません。第1に挙げられる貨幣保有の動機は取引のためのものです。日本経済全体での商品流通に必要な取引額は，国内総生産の何倍にもなりますが，商品流通に必要な取引金額は結局，国内総生産を生産するための取引であるので，国内総生産によって決まると考えることができます。たとえば，4.4万円で新しいカメラを買った場合のことを考えます。このカメラを売った店は4.4万円のうち4千円は消費税（10%）として政府に納め，3万円は取引業者へ支払ったとします。1万円［＝4−3］がカメラ店の付加価値になりますが，この1万円は賃金や利潤として家計に分配されます。取引業者に支払われた3万円は自らの付加価値以外の部分はメーカーに仕入れ代金として支払われます。このような取引のそれぞれの段階で貨幣が使用されますが，これらの取引の結果は一定期間に国内居住者によって生産された付加価値総額である国内総生産に集約されますので，取引のために必要な貨幣保有額は国内総生産の一定倍になるものと近似することができます。このような取引のために保有される貨幣需要は**取引動機**（transactions-motive）**貨幣需要**と呼ばれます。[2]

　取引動機に基づく貨幣需要は国内総生産の水準に依存すると考えられます。国内総生産の大部分は家計に分配される所得になりますが，家計は所得を貨幣の形で，受領します。現代の日本では，多くの場合，給料は銀行振り込みの形で支払われますので，所得はさしあたって銀行口座における預金残高として保有されます。この預金残高を引き下ろして現金に変えるのは，日々の消費のための支払にあてるためです。銀行預金にしろ手許で保有する現金にしろ，貨幣は所得を受け取ってから消費のために支出されるまでの間を取り持つものになります。

　図7-1は月々の家計の取引動機のための貨幣保有残高の推移を示しています。例えば，毎月20日に給振りで月給を受け取って，銀行預金残高は20万円に

大戦後の経済政策のあり方に大きな影響を与えました。ケインズが批判した古典派では，財市場均衡は貨幣市場均衡とは独立で，貨幣供給量は物価に影響を及ぼすだけでした。

[2]　ここで述べる3つの貨幣需要の動機付けはケインズによるものです。J.M. ケインズ著，塩野谷祐一訳『雇用・利子および貨幣の一般理論』第13章「利子率の一般理論」，東洋経済新報社，1995年，165〜174頁，参照。

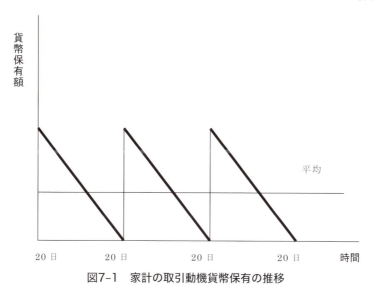

図7-1　家計の取引動機貨幣保有の推移

なりますが，翌月の月給日までには銀行預金残高はゼロになります。このようなことを繰り返せば，平均的には，月々の所得の半分（月給を1としたときに0.5）が貨幣として保有されます。年間12ヶ月分の所得に対しては平均貨幣残高は0.5/12＝1/24＝0.0417になります。この割合は，支払慣行がどのようになっているかで変わります。たとえば，週給賃金が銀行口座への給与振り込みで支払われる場合には，銀行預金残高の平均値は月給の場合の4分の1になります。また，現在では，食料や日用雑貨品への支払も含めて，クレジットカードによる支払が増加していますが，月給日と同時にクレジットの支払がなされるようになると，貨幣残高として保有される金額は減少します。

　以上，要するに，単純化して考えれば，家計は年間に取得する所得の一定倍を取引動機に基づく貨幣として保有すると考えられます。商品やサービスを販売して家計から貨幣を受け取った商店や企業はそれぞれやはり取引動機のためにそれぞれが生産する付加価値の一定倍を貨幣として保有するものと考えられます。したがって，一国全体で，取引動機のために保有される貨幣は国内総生産の一定倍になるものと考えられます。この一定倍は，その国の支払慣行などによって変わってきますが，いま，例えば，0.1倍であるとします。すると，**取**

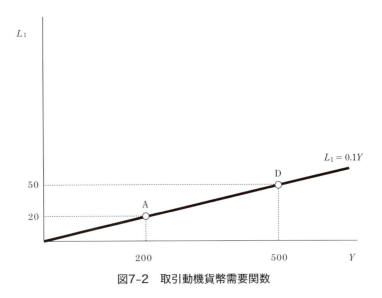

図7-2 取引動機貨幣需要関数

引動機貨幣需要関数が次式のように定式化できます。すなわち，

$$L_1 = 0.1Y \qquad (7-1)$$

です。より一般的な形では，

$$L_1 = L_1(Y) \qquad (7-1)'$$

と表せます。ただし，左辺の L_1 は取引動機貨幣需要を表わし，右辺の L_1 は取引動機貨幣需要関数を表しています。（7－1）'式の右辺の Y の変化が L_1 に及ぼす影響［＝符号条件］はプラスです。（7－1）式の右辺はこの一般的な依存関係を Y の0.1倍という比例関係として定式化したものです。このグラフは縦軸に取引動機貨幣需要 L_1 をとり，横軸に国内総生産 Y をとると，図7-2に示すように，原点を通る直線になります。例えば，国内総生産が200兆円のときにはその0.1倍，20兆円が取引動機貨幣需要として保有される，ということで，この組合せはグラフ上のA点（200，20）で示されます。同様に，国内総生産が500兆円のときには50兆円が取引動機貨幣需要として保有され，この組み合わせはグラフ上のB点（500，50）で示されます。

第 7 章　マクロ経済と貨幣－貨幣需要関数と LM 曲線の導出　129

　さて，第 2 の貨幣需要動機は**予備的動機**です。これはケインズによれば，「不意の支出を必要とする偶発事に備えたり，有利な購入をする思いがけない好機に備えたり，貨幣額で確定している後日の債務を弁済するために価値が貨幣額で確定している資産を保有すること」です。[3]　**予備的動機貨幣需要**も取引動機貨幣需要と同様に，国内総生産に依存するものと考えられます。つまり，予備的動機貨幣需要は取引動機貨幣需要に含めて考えることができます。

　ところで，上に考えた取引動機貨幣需要（予備的動機を含む）は一国の物価水準を調整した実質的な関係として定義されます。つまり，左辺の取引動機貨幣需要 L_1 は物価水準の影響を除去した実質額として定義されています。また，右辺の国内総生産 Y も実質額で定義されています。例えば，名目的な所得が物価水準の上昇によって 2 倍になれば，取引のために必要な名目的な貨幣額はやはり 2 倍になりますが，（7 － 1）式の関係はこのような物価水準の変動とは独立した関係であるといえます。言い換えると，いま，物価水準を P とするとき，名目的な所得 PY と名目的な貨幣需要 PL_1 の関係との関係は，（7 － 1）式の両辺をそれぞれ P 倍して，次式のように成立します。すなわち，

$$PL_1 = 0.1PY$$

です。左辺の PL_1 は実質取引動機貨幣需要額に物価水準を掛け合わせたもので，名目的な取引動機貨幣需要額，右辺の PY は実質国内総生産と物価水準の積で名目国内総生産になります。後に，実質貨幣供給と実質貨幣需要との均衡を考えるので，（7 － 1）式の関係は物価水準を調整した実質額で定義します。さて，中央銀行による貨幣管理が経済活動に影響を及ぼすもっとも重要なチャンネルとして考えられているのが，次に検討する投機的動機貨幣需要です。

---

[3]　J.M. ケインズ著，塩野谷祐一訳，『雇用・利子および貨幣の一般理論』東洋経済新報社，194頁。ケインズによれば，「正常な状態においては，取引動機と予備的動機とを満たすのに必要な貨幣額は，主として経済体系の一般的活動と貨幣所得水準との結果である。」同上，194頁。

（2）投機的動機貨幣需要

投機的動機（speculative-motive）貨幣需要は，ケインズによれば，「将来起こることについて市場よりもよりよく知ることから利益を得ようとする目的」で保有する貨幣需要です。[4] 「市場よりもよりよく知ることから利益を得ようとする」とは一体どういうことでしょうか。以下では，この点を詳しく検討します。

人々が貯蓄を金融資産で保有する場合，流動性としての現金や要求払い預金以外に，定期預金，国債，および株式などの形で保有することができます。これらの金融資産を保有することと現金や要求払い預金を保有することとの違いは，前者には利子とキャピタル・ゲインまたはキャピタル・ロスがつくということです。定期性預金は例えば，1年間と期間を決めて銀行に預金をするものです。定期性預金に定められた利子率を実現するためにはこの一定期間の現金の利用を諦める必要があります。つまり，「利子率は特定期間流動性を手放すことに対する報酬」です。[5] 定期性預金では元金が保証されていますが，国債や株式では市場での売買価格が日々変動しますので，国債や株式を購入したときの価格では売却できない可能性もあります。資産の売却価格がその購入価格を上回る場合にはその上回る額分の利得を生じます。これがキャピタル・ゲインです。逆に，売却価格が購入価格を下回る場合にはその下回る額分の損失を生じます。これがキャピタル・ロスです。すなわち，

資産の売却価格－資産の購入価格＝キャピタル・ゲイン　　（プラスの場合）

　　　　　　　　　　　　　　　　　キャピタル・ロス　　　（マイナスの場合）

です。

人が金融資産を現金または要求払い預金としてか，定期性預金としてか，あるいは，国債としてか，あるいは株式として保有する場合に，利子率の高さと

---

[4] J.M. ケインズ著，塩野谷祐一訳，『雇用・利子および貨幣の一般理論』東洋経済新報社，168頁。

[5] 同上，165頁。なお，同訳書では「手放す」は「手離す」と記されている。

第7章　マクロ経済と貨幣－貨幣需要関数とLM曲線の導出　131

キャピタル・ゲインやキャピタル・ロスの可能性についての自分なりの判断をもって，それぞれの保有割合を決定するでしょう。現金，要求払預金，および定期性預金は元本が保証されており，利子率もゼロまたは固定していて価格変動リスクがないため，元本を損なうことなくいつでも現金化できますので，まとめて流動性と定義することにします。いま，人がここで定義した流動性をどの程度保有し，また国債をどの程度保有するかを決めるものとします。その際に考えるのが，国債の市場利子率の高さとキャピタル・ゲインやキャピタル・ロスの可能性についての将来の見通しです。ただし，国債の市場利子率はいわゆる利回りです。国債を保有すると，年間，単価100円に対して一定割合のクーポン［＝利子］，たとえば，1.5円，が支払われますが，国債が市場で取り引きされる際の価格は市場利子率［＝利回り］によって変動します。100円で購入した国債に対して上例では毎年1.5円の利子が支払われます。ところが，市場利子率は金融情勢によって変動します。市場利子率が上昇すれば，国債の価格は下落します。逆に，金利が低下すれば，国債の価格は上昇します。

　日本で発行される国債は普通の長期国債は10年満期，超長期（満期までの期間が10年超）は15年，20年，および30年満期のものがあります。いま，問題を単純化するために，国債に満期は無く，永久に償還されないまま，毎年1.5円の固定した利子を支払い続けるものとします。このような国債のことをコンソル国債といい，イギリスで実際に発行され，現在でも市場で取り引きされています。コンソル国債で利回りを考えるメリットは，償還がないので，購入価格と償還価格（額面）との差を考慮する必要が無いことです。クーポン［＝利子］が1.5円のコンソル国債を100円で購入したときの利回りは1.5％［＝1.5÷100］です。クーポン・レートは市場利回りに合わせてコンソル国債の発行時に決められますが，固定利子である場合には，その後も1.5円で固定されます。しかし，市場利子率［＝利回り］は金融情勢に応じて変動します。いま，市場利子率［＝利回り］が３％に上昇したとき，このコンソル国債の価格は50円に値下がりします。というのも，受け取る1.5円が３％にあたるためにはコンソル国債の価格をP_B円として，次式が成立する必要があるからです。すなわち，

$$\frac{1.5}{P_B} = 0.03$$

です。これより,

$$P_B = 1.5/0.03 = 50$$

と求められます。市場利子率［＝利回り］がさらに上昇すれば，コンソル国債価格P_Bはさらに低下します。仮に，5％に上昇すると，コンソル国債価格は30円［＝1.5/0.05］に低下します。仮に，市場利子率が1.5％の時に，上のコンソル国債を100円で購入したとすると，毎年，1.5円ずつの利子をえることができますが，5年後に利回りが3％になったとすると，コンソル国債価格は50円になりますので，このとき売却する必要が生じたとすると，50円［＝50－100］のキャピタル・ロスを生じます。1年当たりでは，10円［＝50/5］のキャピタル・ロスになります。すると，この場合の実際に実現した**年平均利回り**は以下の式によって求められます。すなわち,

$$\frac{1.5 + (50-100)/5}{100} = -0.085 (= -8.5\%)$$

です。つまり，年々のクーポン率1.5％［＝1.5/100］は年平均10％のキャピタル・ロス率［＝－10/100］によって帳消しにされ，なお，それでも残るキャピタル・ロス率が8.5％にもなります。逆に，利回りが3％の時にコンソル国債を購入した人が，5年後に利回りが1.5％になった時に，このコンソル国債を売却したとすれば，5年間で50円，年平均10円のキャピタル・ゲインを得ますので，年1.5％のクーポン（利子）率と合わせて，実際に実現する利回りは11.5％になります。

いま，単価100円に対して年1.5円のクーポンが支払われるコンソル国債を市場利子率が1.5％のときに購入し，5年後に市場利子率が6％になったときに売却したとします。
1）このときのコンソル国債の市場価格はいくらでしょうか。
　5年後のコンソル国債の価格をx円と置いて，
　　$1.5/x = 0.06$より，$x = 1.5/0.06 = 25$と求められます。
2）5年後にコンソル国債を売却したときに実現する平均年利回りは何％になるで

第7章　マクロ経済と貨幣－貨幣需要関数と LM 曲線の導出　133

しょうか。
　年平均キャピタル・ロスは（25－100）/5＝15円になります。年平均利回りは次
式から

$$\frac{1.5+(25-100)/5}{100}=-13.5/100=-0.135$$

－13.5％と求められます。

　要するに，市場利子率［＝利回り］は金融情勢によって変動していますので，
国債を購入することは，金利変動によってキャピタル・ゲインやキャピタル・
ロスが生じるリスクを覚悟しておく必要があるということです。市場利子率が
低下した場合には，将来，市場利子率が上昇する可能性が高まるので，国債を
保有するとキャピタル・ロスを生じる可能性が高くなると考えられます。その
ため，資産を国債よりは預金などの貨幣として保有する量が増加すると考えら
れます。このように市場利子率が低下したときに，国債ではなく貨幣を保有す
る人は，国債を保有している人とは考え方が違って，将来のキャピタル・ロス
を避け，将来，国債価格が値下がりしたときに国債を購入して，その後のキャ
ピタル・ゲインを得ようとしている人です。市場利子率が低下すると，このよ
うな人々が増加しますので，投機的動機貨幣需要は増加します。逆に，市場利
子率が上昇する場合には，国債価格は低下し，国債を保有しようとする人々が
増加しますので，投機的動機貨幣需要は減少します。したがって，**投機的動機
貨幣需要**は市場利子率の減少関数です。このような関数形をもっとも単純化し
て考えると，例えば，次式のように直線で定式化されます。すなわち，

$$L_2=20-4r \qquad\qquad (7-2)$$

です。L_2 は投機的動機貨幣需要で，r は市場利子率です。市場利子率が上昇した
ときには L_2 は減少しますので，r につく係数の符号はマイナスになっています。
一国全体の投機的動機貨幣需要をより一般的に表現すると，次式のようになり
ます。すなわち，

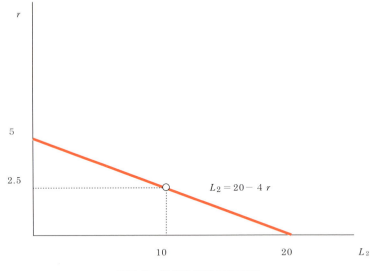

図7-3　投機的動機貨幣需要

$$L_2 = L_2(r)$$

です。ただし，左辺の L_2 は投機的動機貨幣需要で，右辺の L_2 は投機的動機貨幣需要関数を表現しています。市場利子率 r が上昇したときには L_2 は減少しますので，関数 L_2 の r の符号条件はマイナスになります。

（7－2）式のグラフは図7-3に示されています。縦軸に価格変数である利子率 r をとり，横軸に投機的動機貨幣需要量 L_2 をとっています。投機的動機貨幣需要関数は右下がりの直線になります。利子率が5％のときには L_2 はゼロで，縦軸切片になります。また，利子率が2.5％のときには L_2 は10兆円に増加します。利子率がゼロに低下したときには L_2 は20まで増加します。

投機的動機貨幣需要関数（7－2）式も実質的な貨幣需要額として定義されます。物価水準が例えば，2倍になって，名目的な所得や資産額が2倍になっても，利子率との実質的な関係は変わらないと考えられるからです。名目的な投機的動機貨幣需要は物価水準を掛けて，PL_2 となります。

（3）貨幣需要関数

一国経済全体の貨幣需要は取引動機貨幣需要L_1と投機的動機貨幣需要L_2の合計になります。[6] 一国経済全体の貨幣需要をLとしますと，（7－1）式と（7－2）式を足して，

$$L=L_1+L_2$$
$$=0.1Y+20-4r \qquad\qquad (7-3)$$

となります。貨幣需要関数をYとrの関数としてより一般的な形で表現すると，次式のようになります。すなわち，

$$L=L_1(Y)+L_2(r)$$
$$=L(Y,\ r) \qquad\qquad (7-3)'$$

です。ただし，貨幣需要の全体は国内総生産Yが増加すれば増加し，市場利子率が低下すれば増加しますので，Yの符号条件はプラスで，rの符号条件はマイナスです。（7－3）式の右辺は（7－3）'式のもっとも単純化された関数の一例です。それぞれの貨幣需要額が実質額で定義されているので，一国全体の貨幣需要額も実質で定義されます。さて，貨幣需要は貨幣供給があってこそ実現できます。次節では貨幣供給について検討します。

２．貨幣供給

貨幣は既に見てきたように，流通している日本銀行券および硬貨からなる現金通貨と要求払預金からなる預金通貨とから成り立っています。これは狭義の本来の流動性です。というのも流動性とは元本を損うことなくどれだけ早く現金化できるかを示す概念だからです。日本のマネーストック統計では市中で流

---

[6] 取引動機貨幣需要と投機的動機貨幣需要は互いに独立で，一方の貨幣需要が他方の貨幣需要に影響を及ぼすことはないものと仮定しています。

通している現金通貨と国内の全ての預金取扱機関の発行する預金通貨の合計を**M1**と呼んでいます。また，M1と同一対象金融機関について準通貨（定期性預金と外貨預金）および CD（Certificate of Deposits，譲渡可能預金証書）を追加した場合を**M3**，M3と同一の定義の流動性について対象金融機関をゆうちょ銀行を除く国内銀行などに限定した場合を**M2**と呼んでいます。

　これらの貨幣を供給しているのは日本銀行および市中銀行です。とりわけ，日本銀行は**ハイパワード・マネー**（現金通貨および銀行準備）［＝日本銀行貨幣］を管理することによってマネーストックの全体を管理することができます。[7)]銀行システム全体が貸出と預金の受け入れを繰り返すことによって，信用創造が行われ，日本銀行が供給するハイパワード・マネー H の貨幣乗数倍のマネーストックを供給することができます。

　日本銀行は日本銀行貨幣［＝日本銀行券および日銀当座預金］を次の3つのルート，すなわち，市中銀行への貸出，政府への貸出，および外国為替の購入，を通じて供給します。3つのルートで支払われた日本銀行貨幣は，結局，市中銀行の銀行準備を増加させ，市中銀行の貸出を増加させます。市中銀行が日本銀行から借り入れた場合には，市中銀行はその日本銀行券を元に直接，企業や家計に対して貸出をすることができます。こうして例えば，企業へ貸し出された日本銀行貨幣は企業の支払に利用され，支払われた企業や家計がまた，銀行に預金することで，派生的な預金が発生します。その新たに預金を受け入れた銀行はその預金を元にまた貸出を増加させることができます。このような過程を経て，日本銀行が当初市中銀行に貸し出した日本銀行券の何倍もの預金が形成されます。このプロセスを信用創造と呼んでいます。

　日本銀行は日本銀行貨幣［＝日本銀行券および日銀当座預金］の供給については，買いオペレーションや売りオペレーションを通じて十分な管理ができます。信用創造の過程が浸透するのには時間はかかりますが，日本銀行は結局，一国全体の貨幣供給量を決めることができるものと考えられます。以下では，

[7)]　この関係は $Ms＝mH$ と定式化できます。ただし，Ms はマネーストック，m は貨幣乗数（信用乗数），H はハイパワード・マネーです。信用創造の詳細については井出・井上・大野・北川・幸村著『経済のしくみと制度（第3版）』（多賀出版，2015）を参照。

第7章　マクロ経済と貨幣－貨幣需要関数とLM曲線の導出　137

このような過程を経て日本銀行が貨幣供給量を決めることができるものと仮定します。[8] すると，貨幣市場では貨幣供給量と貨幣需要量とが等しくなるように市場利子率や実質国内総生産の水準が決まります。次節では，この点を詳しく検討します。

3．LM 曲線

　日本銀行が決める貨幣供給量と一国の経済活動によって必要とされる貨幣需要量とが等しくなるところで，貨幣市場の均衡が実現されます。いま，日本銀行が供給する貨幣供給量を Ms とし，一国の物価水準を P とします。Ms は名目なので実質貨幣供給量は Ms/P で表現されます。P は基準年では 1 ですから，その年には名目貨幣供給量がそのまま実質供給量になります。例えば，60兆円の貨幣が供給されたとして，基準年にはその実質額は60兆円ですが，翌年，物価水準が20％上昇して，物価水準が1.2になれば，貨幣供給量が同じ60兆円のままであるとすると，その実質額は50兆円［＝60/1.2］になります。ここでは，物価水準は 1 に固定して，貨幣市場の均衡を考えます。

　貨幣市場の均衡は実質貨幣需要と実質貨幣供給が等しいときに実現されます。したがって，貨幣市場の均衡条件は次式で示されます。すなわち，

$$\frac{Ms}{P}=0.1Y+20-4r \qquad\qquad (7-4)$$

です。より一般的な関数の形で書いた場合の均衡条件は

$$\frac{Ms}{P}=L(Y,\ r) \qquad\qquad (7-4)'$$

となります。ただし，（7－4）'式の右辺の L は貨幣需要関数を表します。（7

---

[8]　日本銀行貨幣の供給を管理することによってマネーストックを狙い通りに管理できるのは貨幣乗数が安定している場合です。貨幣乗数は信用乗数と等しく，信用乗数がフルに実現できるためには，企業などの銀行からの借入が銀行からの貸出に対応して実行される必要があります。不況のため，企業が銀行借入を拡大しない場合には，信用乗数は低下します。

−4）式の右辺は（7−4）'式の右辺に第1節で検討した単純化された貨幣需要関数を代入したものになります。いま，貨幣供給量を60兆円，物価水準は1とすると，（7−4）式は次式のようになります。すなわち，

$$60 = 0.1Y + 20 - 4r \qquad (7-5)$$

です。（7−5）式は貨幣市場が均衡するときの市場利子率 r と実質国内総生産 Y の関係を示しています。これが LM 曲線です。（7−5）式を整理すると，

$$r = 0.025Y - 10 \qquad (7-6)$$

となります。r を縦軸，Y を横軸にとったとき，この式のグラフは図7-4に示すように，r 軸切片が−10，傾きが0.025の右上がりの直線になります。横軸との切片の値は（7−6）式の左辺の r の値を0と置いて，$Y=400$ と求められます。

貨幣供給量 Ms が変われば，LM 曲線はシフトします。また，貨幣需要関数が支払慣行の変更や将来への見通しが変わって，取引動機貨幣需要や投機的動機貨幣需要が変われば，やはり，LM 曲線はシフトします。

いま，貨幣供給量が60兆円から70兆円へ増加したとすると，（7−5）式の LM 曲線はどのように変更されるでしょうか。
（7−5）式は次式のように変更されます。すなわち，

$$70 = 0.1Y + 20 - 4r$$

です。これを整理すると，

$$r = 0.025Y - 12.5$$

となります。図7-4の網掛け線のように LM 曲線は r 軸切片が−2.5だけ下方にシフトします。

また，取引方法の効率化などにより，一定量の貨幣でより多くの取引が行われるようになると，一定量の貨幣で取り引きできる国内総生産は以前より多くなります。取引動機貨幣需要関数の Y の係数の変化は LM 曲線の r 軸切片には

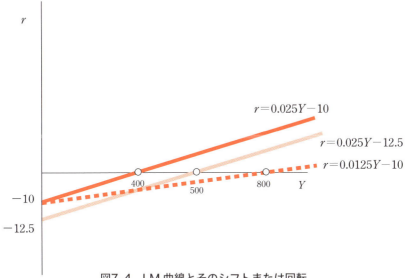

図7-4　LM曲線とそのシフトまたは回転

影響しないので，LM曲線は切片を回転軸として下方に回転し，より傾きの小さな直線になります。例えば，取引動機貨幣需要が国内総生産の0.1倍から0.05倍に減少した場合には，LM曲線の Y の係数は0.0125［＝0.05/4］へ減少するため，図7-4の点線のように r 軸の切片−10を軸にして下方へ回転します。

> **本章のまとめ**
>
> 1. **取引動機貨幣需要**は取引のために保有される貨幣需要で，所得を支出するまでの間，貨幣の形で保有するものです。国内総生産に比例すると考えられます。
> 2. **投機的動機貨幣需要**は国債を購入するタイミングを見図ることによって，利得しようとする動機で保有される貨幣で，市場利子率の減少関数です。
> 3. **一国の貨幣需要**は国内総生産が増加すれば増加し，利子率が低下すれば増加します。
> 4. 日本銀行は**ハイパワード・マネー**［＝日本銀行貨幣］を管理することによりマネーストックを管理することができます。
> 5. 実質貨幣供給量と実質貨幣需要量とが等しくなることで貨幣市場の均衡は実現され，そのような条件を満たす利子率と国内総生産の組み合わせを示す曲線が **LM曲線**です。

6．マネーストックが増加すれば，LM曲線は縦軸に利子率 r，横軸に国内総生産 Y をとったグラフ上で下方にシフトします。

― ■その他のキーワード■ ―

流動性：元本を損なうことなく，どれだけはやく現金化できるかを示す概念。

予備的動機貨幣需要：急な支払などに備えて保有される貨幣

国債利回り：1年間で受け取るクーポン利子と年平均キャピタル・ゲインまたはキャピタル・ロスの国債購入額に対する比率。

《練習問題》

《概念の理解・定着問題》

問1　次の文章を読み，それぞれの貨幣保有動機がなんと呼ばれるか，下の選択肢の中からもっとも適切なものを一つ選びなさい。

1）万が一の取引に備えて貨幣需要が増加すること。

2）債券で儲けようと考える人が，債券が値下がりしそうなときに，損をこうむる前に債券を売るため，貨幣需要が増加すること。

3）所得が増加するにともない貨幣需要が増加すること。

4）使うと分かっている取引金額以外に，少し多めに貨幣を持っていること。

選択肢　①予備的動機　②取引動機　③投機的動機

問2　次の文章を読み，それぞれの貨幣量がなんと呼ばれるか，下の選択肢の中からもっとも適切なものを一つ選びなさい。

1）市中で流通している現金通貨と国内のすべての預金取扱機関の発行する預金通貨の合計。

2）市中で流通している現金通貨と国内のすべての預金取扱機関の発行する預金と準通貨，CDの合計。

3）日本銀行が管理する現金通貨及び銀行準備の合計

選択肢　①M1　②M2　③M3　④ハイパワード・マネー

問3　次の文章を読み，LM曲線が下方シフトするか，上方シフトするかを答えなさい。

1）貨幣供給量が拡大する。

2）取引方法の効率化により，一定量の貨幣でより多くの取引が行われるようになる。

3）（貨幣乗数が一定の下で）日本銀行がハイパワード・マネーを減少させる。

第7章　マクロ経済と貨幣－貨幣需要関数とLM曲線の導出　141

《スキル形成問題》

問1　取引動機貨幣需要が国内総生産の20%のとき，取引動機幣需要関数を示しなさい。

問2　投機的動機貨幣需要が$20-5r$で示されるとする。このグラフを図7–3に描きなさい。

問3　問1と問2から一国全体の貨幣需要関数を求めなさい。

問4　貨幣供給量が70のとき，問3で与えられる貨幣需要量と等しくなるような国内総生産と利子率の組合せを示すLM曲線を求めなさい。

問5　貨幣市場の均衡を考える。今，名目貨幣供給量M_Sが10000であり，物価水準Pが10であるとする。また，貨幣需要関数のうち，取引動機貨幣需要L_1が国内総生産の半分であり，投機的動機貨幣需要が$L_2=1200-100r$で与えられているとする。このとき，以下の問いに答えなさい。
1）実質貨幣供給（名目貨幣供給量を物価水準で割った値，$\dfrac{M_S}{P}$）はいくらか答えなさい。
2）実質貨幣需要Lが，取引動機貨幣需要と投機的動機貨幣需要の合計であるとする。この時，貨幣需要関数はどのように書けるか，答えなさい。
3）貨幣市場の均衡では，実質貨幣需要と実質貨幣供給が等しくなる。この経済における貨幣市場の均衡式はどのように書けるか，答えなさい。

$$\frac{M_S}{P}=L\Leftrightarrow$$

4）貨幣市場の均衡では，利子率rと国内総生産の間に生じる。これを利子率$r=\cdots$という式に直したものはLM曲線という。この経済におけるLM曲線を導出しなさい。
5）LM曲線を，縦軸を利子率，横軸を国内総生産とした平面で図示しなさい。

《未経験な複雑な問題への挑戦》

問1　LM曲線が右上がりである理由を考えるために，次のような状況を考える。今，貨幣需要は取引動機しかないものとする。ここで，貨幣需要関数は以下のように書けるとする。

$$L=\frac{Y}{2}-vr$$

ここで，名目貨幣供給量M_Sが2000，物価水準Pが10であるとする。この時，以下の問いに答えなさい。

1）貨幣市場の均衡式（$\dfrac{M_S}{P}=L$）から，LM 曲線を導出しなさい。

2）$v=200$，100，50としたとき，縦軸を利子率，横軸を国内総生産とする平面上に LM 曲線を図示しなさい。また，v が小さくなるにつれて LM 曲線の傾きは垂直に近づいているか，水平に近づいているのか，答えなさい。

3）貨幣需要関数は以下のように書けるとする。（すなわち，$v=0$のケース）

$$L=\frac{Y}{2}$$

縦軸を利子率，横軸を国内総生産とする平面上に LM 曲線を図示しなさい。なお，LM 曲線は，$r=\cdots$ という式にはなりません。その代わりに，いかなる r であっても国内総生産がある値に決まる，という式が出ます。これを図にすること。

4）本章では，LM 曲線が右上がりであることが説明されました。今，3）では LM 曲線は右上がりとなっていたでしょうか？LM 曲線が右上がりであるために必要な前提条件とはどのようなものかを答えなさい。

5）$v=0$のケースで中央銀行が名目貨幣供給量を3000に拡大させたとする。この時，LM 曲線を導出・図示しなさい。また，LM 曲線がシフトするかどうか，答えなさい。

マクロ経済の均衡

　これまで第6章ではIS曲線を財市場の均衡を表す利子率と国内総生産の組み合わせを示す曲線として導出しました。第7章ではLM曲線を貨幣市場の均衡を表す利子率と国内総生産の組み合わせを示す曲線として導出しました。本章では、財市場と貨幣市場を同時に均衡させる利子率と国内総生産の組み合わせはIS曲線とLM曲線との交点として求められることを学習します。また、財政政策や金融政策によってこの同時均衡点がどのように変化するかを検討します。このような政策とその効果のしくみを理解することによって、日本政府や日本銀行が実際に行っている政策の基本的な考え方が身に付きます。

本章で学習すること
1. IS曲線とそのシフトについて復習します。
2. LM曲線とそのシフトについて復習します。
3. IS曲線とLM曲線の交点は財市場と貨幣市場を同時に均衡させる利子率と国内総生産の組み合わせであることを示します。
4. 財政政策はIS曲線をシフトさせ、利子率と国内総生産に影響を及ぼします。
5. 金融政策はLM曲線をシフトさせ、利子率と国内総生産に影響を及ぼします。

1．IS曲線とそのシフト

　IS曲線は財市場の均衡をもたらす利子率と国内総生産の組み合わせを示す曲線です。財市場の均衡は総需要と総供給とが等しいときに実現されます。総

需要 E は消費 C，投資 I，政府支出 G，及び純輸出 NX $[=(X-M)]$ の和として求められます。総供給は国内総生産 Y です。図8-1に示されるように，利子率 r を縦軸，国内総生産 Y を横軸にとるとき，IS 曲線は右下がりの直線として表現されます。それは以下の理由によります。すなわち，利子率 r が低下すると投資が増加しますが，投資の増加はその乗数倍の総需要の増加をもたらします。財市場が均衡するためには，総需要の増加に応じて総供給，すなわち，国内総生産も増加する必要があります。したがって，財市場を均衡させる利子率と国内総生産の組み合わせを示す曲線は右下がりになります。さて，このことを式を使って明示的に求めてみましょう。計画された総需要 E は次式で表せます。すなわち，

$$E=C+I+G+NX \tag{8-1}$$

です。消費 C は所得の1次関数で次式のように表されます。すなわち，

$$C=10+0.6Y \tag{8-2}$$

です。より一般的には，

$$C=A+bY \tag{8-2'}$$

と表現されます。[1] ただし，A は定数，b は限界消費性向，Y は国内総生産 $[=$ 総供給，所得$]$ です。(8-2) 式の右辺は (8-2)' 式の右辺の A と b に具体的な特定の数値10と0.6をあてはめた特定の消費関数です。

　また投資 I は利子率の1次関数として次式のように表されます。すなわち，

$$I=120-4r \tag{8-3}$$

です。より一般的な表現では

---

[1]　消費関数は元々家計の可処分所得の関数として，$C=C_0+b(Y-T)$ として定義されました。ただし，C_0 は基礎消費（定数），T は税です。T が定額税の場合，これを整理すると，$C=C_0-bT+bY$ となり，$C_0-bT=A$ と置き換えて，(8-2)' 式が求められます。

$$I = I_0 - \beta r \qquad\qquad (8-3)'$$

です。ただし，I_0 は定数，β は正の係数です。（8－3）式は（8－3）'式の右辺の I_0 に120，β に 4 を代入した特定の投資関数です。投資は利子率が低下して企業の資金調達コストが低下すると増加します。ここでは租税と輸入は国内総生産 Y に依存しないものとして考え，租税はゼロ，輸入は外生的に決まるものとします。輸出も外生ですから純輸出 NX が外生になります。また政府支出も外生的に決まり，国内総生産 Y には依存しないものとします。（8－2）式と（8－3）式を（8－1）式に代入し，$G=70$，$NX=10$とすると，次式が得られます。すなわち，

$$
\begin{aligned}
E &= 10 + 0.6Y + 120 - 4r + 70 + 10 \\
&= 210 + 0.6Y - 4r \qquad\qquad (8-4)
\end{aligned}
$$

です。より一般的には，（8－2）'式と（8－3）'式を（8－1）式に代入して，

$$E = A + bY + I_0 - \beta r + G + NX \qquad\qquad (8-4)'$$

となります。（8－4）式の右辺は（8－4）'式の右辺のパラメター，A，b，I_0，β，G，NX にそれぞれ10，0.6，120，4，70，10を代入したものです。（8－4）式の右辺の 2 行目は定数項を整理した式です。マクロ均衡条件は国内総生産［＝総供給］Y が計画された総需要 E と等しいことです。すなわち，

$$Y = E \qquad\qquad (8-5)$$

です。（8－5）式の右辺に（8－4）式を代入すると，次式が求められます。すなわち，

$$Y = 210 + 0.6Y - 4r \qquad\qquad (8-6)$$

です。より一般的な表現では，

$$Y = A + bY + I_0 - \beta r + G + NX \qquad\qquad (8-6)'$$

です。（8－6）式を整理して，r を Y の関数として表現すると，

$$r=52.5-0.1Y \qquad\qquad (8-7)$$

です。より一般的な表現では，

$$r=\frac{1}{\beta}(A+G+NX+I_0)-\frac{(1-b)}{\beta}Y \qquad\qquad (8-7)'$$

となります。これは，縦軸に r をとり，横軸に Y をとったグラフ上では，縦軸切片がプラスの右下がりの直線です。（8－6）式の具体的な関数でみると，図8-1に示すように，r 軸切片は52.5，傾きは－0.1の右下がりの直線になります。横軸 Y との切片は（8－7）式の r にゼロを代入して，$Y＝525$ と求められます。財市場を均衡させる利子率と国内総生産との間には負の関係があります。つまり，国内総生産 Y が増加するのは利子率が低下して投資が増加するためです。国内総生産とは独立して外生的に決まる独立支出は IS 曲線の傾きには影響を及ぼさずに，その位置を決めます。独立支出，$(A+G+NX+I_0)$，のいずれかの変数の大きさが変わると，IS 曲線はシフトします。例えば，政府支出 G が70から80へ10だけ増加して独立支出全体が210から220へ増加すると，IS 曲線の切片は55へ2.5だけ増加し，IS 曲線は右方にシフトします。この効果は，純輸出 NX，独立消費 A，独立投資 I_0 のいずれかが 10 だけ変化した場合でも同じです。つまり，全て，これらの変数の値の変化は IS 曲線の切片を変化させ，IS 曲線をシフトさせます。また，限界消費性向 b の値の変化は IS 曲線の傾きを変化させます。b の値が大きくなると，Y の係数 $-(1-b)/\beta$ の値は絶対値で小さくなり，より水平になります。上の具体例では b が0.6から0.8へ大きくなると，Y の係数は $-(1-0.8)/4＝0.2/4＝-0.05$ と，$b＝0.6$ のときの傾き，－0.1より絶対値で小さくなり，グラフはより水平になります。利子率の 1 ％の低下が以前より大きな Y の増加をもたらすことになります。これは限界消費性向が大きいと乗数効果が大きくなることに対応しています。[2] 投資関数の利子率の係数 β の変化は，（8－7）'

---

[2] （8－7）式の Y の係数は $-(1-b)/\beta$ ですが，これは Y が 1 単位変化したときに r はどれだけ変化するか，つまり，$\varDelta r/\varDelta Y$ を意味しています。両者を等しいと置いて，$\varDelta Y=-\beta\varDelta r/(1-b)$ となります。分子は $\varDelta r$ の変化によってもたらされる投資の変化分，その $1/(1-b)$

式からわかるように，切片と Y の係数の両方に分母として入っているので，両方の値に影響を及ぼします。β が大きくなって，１％の利子率の低下が以前より多くの投資を引き出すとき，IS 曲線の切片は減少した上に，傾きはより水平になります。投資がより敏感に利子率に反応することを反映して，それに対応する国内総生産も以前より増加することになります。

２．LM 曲線とそのシフト

LM 曲線は貨幣市場を均衡させる利子率と国内総生産の組み合わせを示す曲線です。貨幣市場の均衡は実質貨幣需要量 L と実質貨幣供給量（マネーストック）Ms/P が等しいとき実現されます。ただし，ここでは，一般物価水準 P は一定と仮定します。貨幣供給量 Ms が一定の時，利子率の上昇は家計が投機的動機で保有する貨幣需要量を削減させ，取引動機のために保有できる貨幣量を増加させますので，一定量の貨幣供給量 Ms に対応する国内総生産 Y は増加します。ですから，利子率を縦軸，国内総生産を横軸にとるとき，LM 曲線は図8-1に示されるように，右上がりになります。このことを式で確認しておきましょう。

いま，最も単純化された貨幣需要曲線は次式のように示されました。すなわち，

$$L = 0.1Y + 20 - 4r \qquad\qquad (8-8)$$

です。貨幣需要 L は取引動機貨幣需要 $0.1Y$ と投機的動機 $20-4r$ の和です。国内総生産 Y の係数は0.1なので，国内総生産 Y が増加すれば貨幣需要量 L は増加します。また，利子率 r の係数は -4 なので，利子率 r が上昇すれば貨幣需要量 L は減少します。[3] より一般的には

倍，つまり，乗数倍が Δr の変化によって実現される Y の変化分になります。

[3] 関数の説明変数の値が変化したときに，被説明変数の値がどのような方向に変化するかを符号条件といいます。貨幣需要関数（8-8）'式の Y についての符号条件はプラスで，r についての符号条件はマイナスです。

$$L = kY + L_0 - lr \qquad (k > 0, \ L_0 > 0, \ l > 0)$$
$$= L(Y, \ r) \qquad\qquad\qquad (8-8)'$$

と表現されます。(8−8)'式の右辺の1行目は実質貨幣需要関数のもっとも単純化した関数形を一般的な形で示したものです。(8−8)'式の2行目は貨幣需要量 L が国内総生産 Y と利子率 r の関数であることをより一般的な形で示しています。(8−8)式の右辺は(8−8)'式の1行目の関数の係数に特定の値を，前章の例にしたがって代入したものです。

他方，貨幣供給量［＝マネーストック］Ms は，第7章で仮定したように，中央銀行（日本では日本銀行）によって設定できるものと仮定します。実際には，日本銀行の意図だけでは決まりません。家計や企業などの民間経済主体がどれほど銀行から借り入れるかの判断によって貨幣供給量も影響を受けます。貨幣供給量には内生的に決まる要素が多分にあります。しかし，そのような側面をモデルに取り込んでも，LM 曲線の基本的な性格は変わりません。日本銀行はハイパワード・マネー H を決めることによって金融情勢を左右し，結局，マネーストック Ms を決めることができると考えられます。そこで，ここでは，貨幣供給量は日本銀行が自由に任意の水準に設定できるものとします。その水準を Ms とします。すると，貨幣市場の均衡は実質貨幣需要量と実質貨幣供給量とが等しいことで実現されますので，貨幣市場の均衡条件は次式で表現されます。すなわち，

$$\frac{Ms}{P} = L \qquad\qquad\qquad (8-9)$$

です。ただし，一般物価水準 P はここでは1で一定と仮定します（第11章で P の変化を考えます）。また，$Ms = 60$ と仮定して，（8−9）式の右辺に（8−8）式を代入すると，

$$60 = 0.1Y + 20 - 4r \qquad\qquad\qquad (8-10)$$

と，貨幣市場の均衡条件式が求められます。より一般的な形で LM 曲線を表現すると，

$$Ms = kY + L_0 - lr \qquad (k > 0, \ L_0 > 0, \ l > 0) \qquad\qquad (8-10)'$$

となります。$(8-10)$ 式は $(8-10)'$ 式のパラメーターに上例の特定の数値を当てはめたものです。$(8-10)$ 式を r が Y の関数になるように書き直すと，

$$r = 0.025Y - 10 \qquad\qquad\qquad\qquad (8-11)$$

となります。より一般的な表現では，

$$r = \frac{k}{l}Y - \left(\frac{Ms}{l} - \frac{L_0}{l}\right) \qquad\qquad\qquad\qquad (8-11)'$$

となります。切片が $-(Ms/l - L_0/l)$，傾きが k/l の直線となること示しています。$(8-11)$ 式は $(8-11)'$ 式のパラメータに上例の値 $(k=0.1, \ l=4, \ Ms=60, \ L_0=20)$ を代入すると求められます。図8-1に示すように，利子率 r を縦軸，国内総生産 Y を横軸とするグラフ上で，r 軸切片が -10，傾きが0.025の右上がりの直線になります。

　日本銀行がマネーストック Ms を増加させると，LM 曲線の切片の絶対値が大きくなり，しかも Ms の前の符号はマイナスなので，LM 曲線は下方にシフトします。例えば，マネーストック Ms を60から70へ増加させると，r 軸切片は -12.5 へ2.5下方へ移動します。Y の係数は変わらないので，LM 曲線全体が下方に2.5だけシフトします。以前よりは多い貨幣供給量が同一の利子率で，以前より多くの取引に利用できますので，同一の利子率に対応する貨幣市場を均衡させる国内総生産は以前より多くなります。逆に，貨幣供給量が減少するときには LM 曲線は上方にシフトします。例えば，Ms が60から50へ減少したときには，r 軸切片は2.5だけ上方へ移動し，LM 曲線は同幅だけ上方へシフトします。また，取引方法の効率化などにより，一定量の貨幣でより多くの取引が行われるようになると，k の値は小さくなりますので，一定量の貨幣に対応する国内総生産は以前より多くなります。$(8-11)'$ 式からわかるように，k の変化は切片には影響がありませんので，LM 曲線は切片を回転軸として下方に回転し，より傾きの小さな直線になります。例えば，取引動機貨幣需要が国内総生産の0.1倍から0.05倍に減少した場合には，LM 曲線の Y の係数は0.0125［$=0.05/4$］へ減少す

るため，r 軸の切片 −10 を軸にして下方へ回転します（図7-4参照）。

3．IS 曲線と LM 曲線の同時均衡

（1）同時均衡解の導出

　　財市場と貨幣市場とを同時に均衡させる利子率と国内総生産の組み合わせ
は，IS 曲線と LM 曲線の交点の座標によって与えられます。というのも，IS 曲
線上の利子率 r と国内総生産 Y の組み合わせは財市場を均衡させ，LM 曲線上
の利子率 r と国内総生産 Y の組み合わせは貨幣市場を均衡させるので，両市場
を同時に均衡させる利子率 r と国内総生産 Y の組み合わせは両曲線の交点し
かないからです。つまり，交点は同時に IS 曲線上にもあり，LM 曲線上にもあ
るからです。図8-1に示されるように，交点 E の座標は (Y_0, r_0) と与えられま
す。45度線のマクロ経済モデルでは，財市場の均衡だけを考えていましたが，
IS−LM モデルでは，財市場と貨幣市場が同時に均衡する利子率と国内総生産
を求めます。E 点 (Y_0, r_0) の座標は IS 曲線を表す（8−7）式と LM 曲線を表
す（8−11）式とを連立することで，求めることができます。いま，（8−7）
式と（8−11）式の特定化された IS 曲線と LM 曲線を連立します（より一般的
な解についてはアドバンスを参照してください）。すると，

$$r＝52.5−0.1Y \qquad\qquad (8−7)$$
$$r＝0.025Y−10 \qquad\qquad (8−11)$$

（8−7）式の右辺を（8−11）式の左辺に代入すると，

$$52.5−0.1Y＝0.025Y−10$$

となります。これを Y について解くと，次式が求められます。すなわち，

$$Y_0＝62.5/0.125＝500 \qquad\qquad (8−12)$$

第8章　マクロ経済の均衡　151

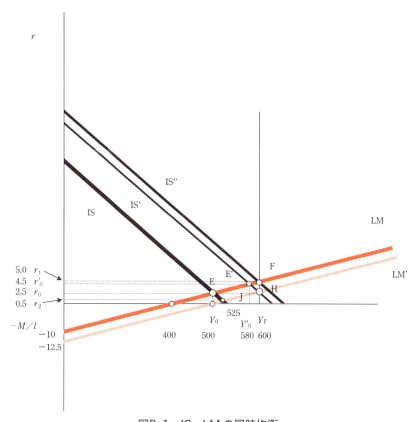

図8-1　IS−LM の同時均衡

です。r_0 の値は（8−12）式の Y_0 を（8−11）式に代入して，

$$r_0 = 0.025 \times 500 - 10 = 2.5 \qquad (8-13)$$

と求められます。

さて，E 点（500, 2.5）では，財市場と貨幣市場が同時に均衡していますが，$Y_0 = 500$ が完全雇用を保証しているわけではありません。いま，完全雇用国内総生産は $Y_F = 600$ で与えられており，現状では，非自発的失業が $Y_F - Y_0 = 600 - 500 = 100$ に対応して存在しているものとします。このようなことは，賃金には下方硬直性があり，非自発的失業があっても，賃金が伸縮的に変化して，労働

供給量が減少すると同時に労働需要量が増加して，完全雇用が実現するという調整が行われがたいためです。このような状況に対して，戦後の政府の経済運営では，財政政策や金融政策によって，総需要に影響を及ぼし，完全雇用を実現するという政策を採ってきました。では，完全雇用を保障するための政策はどのように行えば良いのでしょうか。以下ではこの点を検討します。

（2）財政政策の効果とクラウディング・アウト

　まず始めに，財政政策で政府支出 G を増加させることを考えます。完全雇用国内総生産 $Y_F＝600$ と現在の国内総生産 $Y_0＝500$ との差（$Y_F－Y_0$）＝100［＝600－500］だけ総需要が増加し，それに応じて国内総生産も増加すれば，完全雇用国内総生産 Y_F が実現できます。45度線のモデルでは，そのために必要な政府支出の増加分 $\varDelta G$ は，$\varDelta G$ の乗数倍が（$Y_F－Y_0$）になるように，次式で求められます。すなわち，限界消費性向が0.6のときには，

$$100＝\varDelta G /(1－0.6)＝\varDelta G /0.4 \qquad (8－14)$$

です。これより，

$$\varDelta G＝100×0.4＝40$$

です。限界消費性向を b とした一般的な表現では

$$Y_F－Y_0＝\varDelta G /(1－b) \qquad (8－14)'$$

から，

$$\varDelta G＝(Y_F－Y_0)×(1－b)$$

と求められます。限界消費性向が0.6の上例では，政府は乗数効果のことを考慮に入れた上で，100兆円の国内総生産の増加のために40兆円の政府支出を増加すれば良いことになります。しかし，貨幣市場のことも考慮に入れる IS－LM モデルの下では，それだけでは不十分です。というのも，貨幣供給量 Ms が一定の

下で国内総生産が増加すれば，その取引のための貨幣需要量が増加し，その分を投機的動機貨幣需要から引き出すために，利子率が上昇せざるを得ないからです。利子率が上昇すると，投資が削減されます。削減された投資を補うために，より一層多くの政府支出が必要になります。

　図8-1の完全雇用国内総生産 $Y_F=600$ 上の H 点が利子率が $r_0=2.5$ のままで一定の時，IS 曲線が通るべき点です。利子率が一定であれば，（8－14）式によって求められる $\Delta G[=(1-0.6)\times100=40]$ が必要な政府支出の増加分です。その場合には，IS 曲線を H 点を通る IS' 曲線へシフトさせれば済みます。これは（8－4）式の45度線のモデルに対応しています。しかし，財市場と貨幣市場との同時均衡を考える場合には，それでは済みません。それでは，利子率が IS' と LM の交点 E'（580, 4.5）の縦軸座標4.5％まで上昇するため，投資が $4\times(4.5-2.5)=8$ だけ減少し，その乗数倍 $1/(1-0.6)$ の国内総生産 $[=20]$ が減少するため，完全雇用国内総生産 $Y_F=600$ は実現できません。このように，政府支出の増加が利子率の上昇を通じて民間投資を削減することを**クラウディング・アウト**（押し出し効果）とよびます。クラウディング・アウトのためにその乗数倍の国内総生産 $20[=8/(1-0.6)]$ が削減され，実現される国内総生産の増加分は80だけで，実現される国内総生産は580に留まります。

　Y_F を実現するためには IS 曲線を IS" までシフトさせ，LM との交点が Y_F 上の F 点を通るようにする必要があります。そのためには政府支出を40ではなく，50だけ増加させる必要があります。F 点（600, 5）では，利子率は5％まで上昇し，その分クラウディング・アウト $[=4\times(5-2.5)=10]$ も増加し，それに対応する国内総生産の削減分は25になりますが，その分を補う10の政府支出の増加が実現されています。IS が IS" までシフトすると，LM との交点は $Y_F=600$ 上の F 点へ移動し，完全雇用国内総生産 $Y_F=600$ が実現できます。

　　　　クラウディング・アウトのことも考慮に入れて，完全雇用国内総生産 Y_F を実現するために必要な政府支出の増加分50はどのようにして求められるのでしょうか。
　LM 曲線はシフトしないので，$Y_F=600$ が与えられると，LM 曲線（8－11）式

の右辺に Y_F＝600 を代入して，完全雇用均衡での利子率は 5 ％と求められます。IS”
はこの点を通らなければならないので，この点を通るのに必要な政府支出の増加分
ΔG を決めればよいのです。

財市場の均衡式（8－6）式の右辺に ΔG を加えると，

$$Y=210+\Delta G+0.6Y-4r$$

となります。この新たな IS 曲線が（600, 5）を通ればよいので，

$$\Delta G=0.4\times600-210+4\times5=50$$

と求められます。

（3）金融政策の効果

　次に，金融政策のあり方を検討します。金融政策は貨幣供給量 Ms を増加させ
て，利子率を引き下げ，投資を増加させて，その乗数倍の国内総生産の増加を
実現します。第 2 節で検討したように，貨幣供給量 Ms を増加させると，LM 曲
線は下方へシフトします。LM 曲線と縦軸の切片は $-Ms/l+L_0/l$ ですから，貨幣
供給量が ΔMs だけ増加した場合には，LM 曲線は下方へ垂直に $-\Delta Ms/l$ だけ
シフトします。金融政策の場合には，自ら最終需要を増加させることはできま
せん。貨幣供給量を増加させ，利子率を低下させ，民間投資を増加させて，完
全雇用国内総生産 Y_F を実現するのです。貨幣供給量 Ms を増加したとき，なぜ
利子率 r が低下するのでしょうか。当初 Y_0＝500 の状態で貨幣供給量 Ms が10
兆円だけ増加すると，国内総生産 Y_0＝500 の取引に必要な貨幣量以上の貨幣が
供給されることになります。この余分な貨幣はどうすれば需要されるようにな
るのでしょうか。利子率が r_0＝2.5％のままでは投機的動機貨幣需要は変わりま
せん。より多くの貨幣が投機的動機貨幣需要として保有されるためには，利子
率が低下して，貨幣保有の機会費用が低下して，言い換えると，国債価格が上
昇して，人々が将来のキャピタル・ロスの可能性が増大することを恐れてより
多くの貨幣を保有するようになる必要があります。また，利子率が低下すれば，
投資が増加し，その乗数倍の国内総生産が増加します。そうなれば，増加した

国内総生産の取引のために取引動機貨幣需要が増加します。投機的動機貨幣需要と取引動機貨幣需要の和がちょうど新たに供給された貨幣量に等しくなるまで利子率は低下します。そのような利子率が図8-1に示されるように，0.5％になり，利子率の低下により増加した投資は$8[=4×(2.5-0.5)]$で，増加した国内総生産はその乗数倍，すなわち，$20[=8/(1-0.6)]$になります。また，それに対応する取引動機貨幣需要の増加は$2[=20×0.1]$，投機的動機貨幣需要の増加分は$8[=4×(2.5-0.5)]$になります。その結果，貨幣需要の増加分は$10[=2+8]$になり，貨幣供給量の増加分と等しくなります。

　上に見たIS曲線の具体例ではIS曲線は横軸Yと525兆円のところで交わっていますので，LM曲線の下方シフトによって実現できるのは525兆円までで，そこで，利子率がゼロになります。利子率の下限はゼロで，マイナスの利子率は実現できません（物価水準Pは一定と仮定されているので，名目利子率から期待インフレ率を引いた実質利子率がマイナスになる可能性は排除されています）。このようなゼロ金利が実現している状態では，仮にそれ以上マネーストックを増加しても，貨幣保有の機会費用はゼロになるため，新たに供給された貨幣はそのまま保有され，国内総生産を増加させることに活用されません。

　財政政策の場合には，利子率の上昇によって民間投資が減少し，それを埋め合わせるためにより多くの政府支出が行われる必要があります。政府支出の財源は増税でなければ，国債の発行によって賄われます。これは後世代からの借入になります。いずれ後世代への増税によって返済される必要があります。また，クラウディング・アウトされた民間投資より政府支出の方がどれだけ一国の生産能力，つまり，潜在国内総生産にとってプラスになるか，よくよく検討する必要があるはずです。そのように考えると，政府支出の内容も後世代にとっても役に立ち，社会の効率性を損なわないような社会資本への投資を中心に検討されるべきであることになります。他方，金融政策の場合には，貨幣供給量の増加によって利子率が低下し，民間投資が増加しますので，これは社会の資本ストックを増加させ，一国の潜在国内総生産を高める働きがあります。ただし，金融政策が有効に機能するには時間がかかります。というのも，民間企業が投資をするためには，将来の売り上げの増加の期待が必要ですが，そのよう

な期待形成には，実際に売り上げが上昇して，企業が商機を確信するようになるのを待つ必要があるからです。したがって，実際には，財政政策と金融政策を併用し，金融政策によって貨幣供給量を増加させ，利子率の上昇を抑えながら，あるいは，利子率を低下させながら，同時に，迅速な財政政策を展開し，政府支出を増加させるという政策を政府は展開してきたといえます。政府支出の増加は直接総需要を増加させるので，効果はすぐに現れますが，不況が長引いた場合の大幅な政府支出の増加のためには，予算措置が必要で，これは国会での議決を必要としますので，実現までには時間がかかります。他方，金融政策の場合には，日本銀行が決定すれば，翌日から公定歩合の引き下げを実施できるので，迅速な対応ができます。しかし，その効果が企業の投資計画の変更にまで及ぶには，やはり長い期間の経過が必要です。しかも，不況が長引く場合には，企業の将来見通しは悲観的になりますから，たとえ金利が低い状態であったとしても投資には結びつきません。このような場合には，財政政策により政府支出を増加させて，直接総需要を増加させることが効果的であるといえます。

　さて，景気が過熱して，国内総生産が完全雇用国内総生産を上回るような場合には，民間投資が活発に行われていますので，過熱を抑えるために，財政政策は政府支出を削減し，金融政策は貨幣供給量を削減し，利子率を引き上げる政策を展開します。このような状況では，迅速に行動できる金融政策が貨幣供給量を削減して利子率を引き上げることによって投資を減少させることが迅速な効果を発揮できます。特に，企業の投資が銀行からの借入によっている場合には，借入利子率の上昇によって新規投資は減少します。他方で，政府支出は下方硬直的な性質がありますから，機動的に政府支出を削減することは概して困難であるといえます。このような財政政策の制約を考えると，景気の過熱を避けて，安定的な経済成長を実現するためには金融政策の早めの機動的な運営が重要になるといえます。

　以上，金融政策は景気の行き過ぎを抑制するのに有効で，財政政策は不況期に有効であるといえます。金融政策と財政政策を活用することによって，経済政策は景気の変動を緩和し，物価の極端な変動を無くし，安定的に経済が成長

することを目標としています。

　　本文の実例で，財政政策と金融政策を併用して，利子率を2.5%のまま，完全雇用国内総生産600兆円を実現するためには，財政支出をどれだけ増加させ，マネーストックをどれだけ増加させればよいでしょうか。

　目標となる利子率が2.5%，国内総生産が600兆円と与えられています（図8-1のH点）。政府支出の増加分を ΔG，マネーストックの増加分を ΔMs と置いて，新しいIS曲線と，LM曲線を求め，それらが，この均衡解を満たすので，これらの値を代入すれば，ΔG と ΔMs が求められます。

　計画された総需要に ΔG を加えると，

$$E = 210 + \Delta G + 0.6Y - 4r$$

となります。財市場の均衡条件 $Y=E$ に代入して，IS曲線は

$$r = 52.5 + \Delta G/4 - 0.1Y$$

と求められます。上式に $r=2.5$，$Y=600$ を代入して，

$$2.5 = 52.5 + \Delta G/4 - 0.1 \times 600$$

となります。これより

$$\Delta G = 40$$

と求められます。

　マネーストックが ΔMs 増加したときのLM曲線は次式のようになります。すなわち，

$$60 + \Delta Ms = 0.1Y + 20 - 4r$$

です。$r=2.5$，$Y=600$ を代入して，ΔMs は

$$\Delta Ms = 0.1 \times 600 + 20 - 4 \times 2.5 - 60 = 10$$

と求められます。

アドバンス

IS 曲線と LM 曲線の同時均衡の一般解

IS 曲線を表す（8−7）式の一般式と LM 曲線を表す（8−11）式の一般式とを連立することで，同時均衡の解を一般的に求めることができます。それぞれの一般形は次式のようになります。すなわち，

$$r = \frac{A+G+NX+I_0}{\beta} - \frac{(1-b)}{\beta}Y \tag{8-7}$$

$$r = -\frac{Ms}{l} + \frac{k}{l}Y + \frac{L_0}{l} \tag{8-11}$$

いま，（8−7）式を（8−11）式の左辺に代入すると，

$$\frac{A+G+NX+I_0}{\beta} - \frac{(1-b)Y}{\beta} = -\frac{Ms}{l} + \frac{k}{l}Y + \frac{L_0}{l}$$

となります。これを Y について解くと，均衡解 Y^* を示す次式が求められます。すなわち，

$$Y^* = \frac{(A+G+NX+I_0)/\beta + Ms/l - L_0/l}{k/l + (1-b)/\beta}$$

$$= \frac{l(A+G+NX+I_0)/\beta + Ms - L_0}{k + l(1-b)/\beta} \tag{8-12}$$

です。利子率の均衡解 r^* の値は（8−12）式の Y^* を（8−11）式に代入して，

$$(8-13) \quad r^* = -\frac{Ms}{l} + \frac{k}{l}Y^* + \frac{L_0}{l}$$

と求められます。このような一般形で同時均衡解を求めておけば，外生変数の変化に対して，同時均衡解がどのように変化するかを直ちに求めることができます。

政府支出 G が10兆円増加した場合の国内総生産に及ぼす効果は（8−12）式の G に係る係数の値に具体的な特定された数値を代入して求められます。本文の例では，G に係る係数は次のようになります。すなわち，

$$\frac{4/4}{0.1+4(1-0.6)/4} = \frac{1}{0.5} = 2$$

です。G を10増やしたときに，Y は $2 \times 10 = 20$ だけ増加することになります。逆に，Y を100増やすためには G を50増やせばよいということになります。また，利子率の均衡解 r^* の上昇分は（8−13）式の右辺の Y^* に Y^* の増加分20を代入して，

$$0.1 \times 20/4 = 0.5$$

と求められます。

第8章　マクロ経済の均衡　159

> ### 本章のまとめ

1．財市場と貨幣市場を同時に均衡させる利子率と国内総生産の組み合わせは
　IS 曲線と LM 曲線の交点の座標で与えられます。
2．**財政政策**は政府支出を変動させることにより国内総生産の増減に影響を及ぼ
　すものです。政府支出の増加は IS 曲線を右側にシフトさせ，利子率の上昇と国
　内総生産の増加をもたらします。
3．**金融政策**は中央銀行が貨幣供給量を変動させることにより，利子率に影響を
　及ぼし，投資に影響を及ぼし，国内総生産に影響を及ぼすものです。貨幣供給
　量の増加は LM 曲線を右方にシフトさせ，利子率の低下と国内総生産の増加を
　もたらします。
4．非自発的失業があるとき，政府は完全雇用国内総生産を実現するため，財政
　政策か金融政策を展開します。

── ■その他のキーワード■ ──

クラウディング・アウト（押し出し効果）：政府支出の増加が利子率を上昇させるこ
　とによって，投資が削減されること。そのためその乗数倍の国内総生産が削減
　されます。

《練習問題》

《概念の理解・定着問題》

問1　以下の問いについて，もっとも適切なものを選択肢からひとつ選びなさい。
　1）IS 曲線は次の市場のうちどの市場の均衡を表すか答えなさい。
　選択肢　①財・サービス市場　　②貨幣市場　　③債券市場　　④労働市場
　2）LM 曲線は次の市場のうちどの市場の均衡を表すか答えなさい。
　選択肢　①財・サービス市場　　②貨幣市場　　③債券市場　　④労働市場
　3）IS曲線と LM 曲線の交点で決まるものを，次のうちから２つ選びなさい。
　選択肢　①利子率　　②株価　　③国内総生産　　④有効求人倍率

問2　以下の説明文は，

　　　①IS 曲線は右下がりである　　②IS 曲線がシフトする
　　　③LM 曲線は右上がりである　　④LM 曲線がシフトする

それぞれの状況に関する記述である。それぞれがどの事柄についての説明文かを答
えなさい。

1）利子率が上昇すると，投資が減少するため，国内総支出が低下するが，それは国内総生産の低下を意味する。

2）政府支出や純輸出の増加は国内総支出の増加を意味するが，これは所得の増加をもたらし消費をも増加させることで，国内総生産をいっそう増加させる。

3）国内総生産を一定とすると，貨幣供給量の増加は貨幣市場に超過供給を生じさせるため，その余剰貨幣が債券市場に流れ，債券価格を上昇させる結果，利子率が下落する。

4）貨幣供給量を一定とすると，国内総生産の拡大により取引動機に基づく貨幣需要が拡大すると，債券市場で運用されていた資金が貨幣に交換される結果，債券市場から資金が引き上げられ，結果的に債券価格が下落し，利子率が上昇する。

問3 次の文章の下線部にもっとも適した語を以下の語群から選んで記入しなさい。

1）IS 曲線は財・サービス市場の均衡を表す利子率と ▢(1) の組み合わせを示す曲線です。

2）LM 曲線は貨幣市場の均衡を表す ▢(2) と国内総生産の組み合わせを示す曲線です。

3）IS 曲線と LM 曲線の交点の座標は財・サービス市場と ▢(3) を同時に均衡させる利子率と ▢(4) の組み合わせを示します。

4）企業の国内投資が世界経済の景気見通しの悪化によって減少すると，IS 曲線は ▢(5) にシフトします。

5）中央銀行が貨幣供給を増加させると LM 曲線は ▢(6) にシフトする。

6）IS 曲線が不変のままで LM 曲線が右方にシフトすると均衡利子率は ▢(7) し，均衡国内総生産は ▢(8) する。

7）企業の国内投資が世界経済の景気見通しの好転によって増加すると，LM 曲線が不変の場合，均衡国内総生産は ▢(9) し，均衡利子率は ▢(10) します。

語群 ①利子率 ②国内総生産 ③貨幣市場 ④財市場 ⑤右方
⑥左方 ⑦低下 ⑧上昇 ⑨増加 ⑩減少

《スキル形成問題》

問1 ある国のマクロ経済が以下のように定式化される。

$C = 18 + 0.6(Y - T)$
$T = 10$
$I = 90 - 4r$
$G = 100$
$X - M = 10$
$L = 0.1Y - 4r$
$M_S = 38$

ただし，C：消費，Y：国内総生産，T：租税，I：投資，G：政府支出，X：輸出，M：輸入，L：貨幣需要，r：利子率，M_S：貨幣供給，（単位：兆円，rの単位は％）です。
1）IS 曲線を求めなさい。
2）LM 曲線を求めなさい。
3）財市場と貨幣市場を同時に均衡させる利子率と国内総生産を求めなさい。
4）上の関係をrを縦軸，Yを横軸にとったグラフ上に示しなさい。

問2　いま，問1の国では，非自発的失業が多く，潜在国内総生産が実現できていないため，政府は政府支出を10兆円増加させたとする。
1）利子率と国内総生産はどのように変化しますか。また，グラフ上に IS 曲線の変化を示しなさい。
2）この時の政府支出乗数はいくつになりますか。
3）また，潜在国内総生産は550兆円であることがわかっている。潜在国内総生産を実現し完全雇用を実現するためには，当初の状態から出発する場合，政府支出をどれだけ増加させれば良いでしょうか。そのときの利子率は何％になるでしょうか。

問3　いま，問2に関連して，財政政策の替わりに金融政策を展開するものとする。
1）貨幣供給量を10兆円増加したときの国内総生産はいくらになりますか。また，そのときの利子率は何％ですか。
2）利子率の下限は0％だとすると，金融政策により実現できる国内総生産はいくらですか。そのときの貨幣供給量を求めなさい。

問4　マクロ経済の短期の均衡が以下の式により決まっているとする。
消費関数　$C=100+0.5(Y-100)$，　投資関数　$I=180-50r$
政府支出　$G=70$，　純輸出　$NX=0$，　物価水準　$P=1$
貨幣需要関数　$L=1000+0.5Y-50r$，　名目貨幣供給量　$M_S=1100$
完全雇用国内総生産　600
この時，以下の問いに答えなさい。
1）財・サービス市場の均衡条件は，$Y=C+I+G+NX$ と書ける。消費関数，投資関数，政府支出，純輸出を財・サービス市場の均衡条件に代入し整理しなさい。
2）上記1）で求めた式を$r=\cdots$という形になおし，IS 曲線を導出しなさい。
3）IS 曲線を図示しなさい。
4）貨幣市場の均衡条件は$\dfrac{M_S}{P}=L$ と書ける。貨幣需要関数，名目貨幣供給量，物価水準を貨幣市場の均衡条件に代入して整理しなさい。
5）上記4）で求めた式を$r=\cdots$という形に直し，LM 曲線を導出しなさい。
6）LM 曲線を図示しなさい。
7）IS 曲線と LM 曲線の交点は，財・サービス市場と貨幣市場が同時に均衡する利

子率と国内総生産の組み合わせ（均衡）を示す。均衡を求めなさい。

8）政府支出が70から170へと拡大したとする。この時，IS 曲線を導出し，図示しなさい。なお，政府支出以外は一切変化しないものとする。

9）上記8）で求めた IS 曲線と，上記6）で求めた LM 曲線から，IS 曲線と LM 曲線の交点である均衡を求めなさい。

10）政府支出の70から170への100の拡大により，均衡国内総生産がいくら増加したか答えなさい。

《未経験な複雑な問題への挑戦》

問 1　短期の均衡が以下の式により決まっているとする。

消費関数　$C=250$,　　投資関数　$I=180-100r$

政府支出　$G=70$,　　純輸出　$NX=0$,　　物価水準　$P=1$

貨幣需要関数　$L=1000+0.5Y-50r$,　　名目貨幣供給量　$M_S=1100$

完全雇用国内総生産　600

この時，以下の問いに答えなさい。なお，消費関数は現在の可処分所得には依存しない設定になっていることに注意すること。

1）財・サービス市場の均衡条件は，$Y=C+I+G+NX$ と書ける。消費関数，投資関数，政府支出，純輸出を財・サービス市場の均衡条件に代入し整理しなさい。

2）上記1）で求めた式を $r=\cdots$ という形になおし，IS 曲線を導出しなさい。

3）IS 曲線を図示しなさい。

4）貨幣市場の均衡条件は $\dfrac{M_S}{P}=L$ と書ける。貨幣需要関数，名目貨幣供給量，物価水準を貨幣市場の均衡条件に代入して整理しなさい。

5）上記4）で求めた式を $r=\cdots$ という形に直し，LM 曲線を導出しなさい。

6）LM 曲線を図示しなさい。

7）IS 曲線と LM 曲線の交点は，財・サービス市場と貨幣市場が同時に均衡する利子率と国内総生産の組み合わせ（均衡）を示す。均衡を求めなさい。

8）政府支出が70から170へと拡大したとする。この時，IS 曲線を導出し，図示しなさい。なお，政府支出以外は一切変化しないものとする。

9）上記8）で求めた IS 曲線と，問6で求めた LM 曲線から，IS 曲線と LM 曲線の交点である均衡を求めなさい。

10）政府支出の70から170への100の拡大により，均衡国内総生産がいくら増加したか答えなさい。また，《スキル形成問題》の問4（消費がケインズ型消費関数に依存する場合）と比較し，政府支出の拡大が均衡国内総生産を拡大させる程度は増えたか減ったか答えなさい。

11）「政府支出の拡大が国内総生産を増加させる」という IS–LM の政策的含意を考える上で，ケインズ型消費関数の「消費が可処分所得に依存する」という仮定は，どのような役割を果たしているだろうか？説明しなさい。

どんな政策が有効か

　貨幣市場と財市場が同時に均衡していて，均衡利子率と均衡国内総生産が実現したとしても，それは必ずしも完全雇用国内総生産を意味するわけではありません。完全雇用国内総生産が実現されていないときには，完全雇用を実現するために，政府は財政政策ないし金融政策を展開します。既に，第8章で検討したように，政府支出を増加させたり減税をしたり，金融緩和をして利子率を引き下げて民間投資を増加させたりして，国内総生産の増加を実現します。しかし，経済の状況によっては，政策が有効に機能しないこともあります。本章では，経済状況と正しい政策選択について検討します。

> **本章で学習すること**
> 1. IS 曲線と LM 曲線の傾きと政策効果の関係について検討します。
> 2. 流動性のわなが存在する場合には，金融政策は有効性を失います。
> 3. 財政政策とクラウディング・アウトの関係について学びます。
> 4. 政策の遅れ（ポリシーラグ）と政策の併用（ポリシーミックス）について検討します。
> 5. 自動安定化装置が制度の中に組み込まれています。

1．IS 曲線の傾きと金融政策の効果

　既に，第8章で求めた IS 曲線は次のような財市場のモデルから導出されたものです。すなわち，

$$C = 10 + 0.6Y$$

$I = 120 - 4r$

$G = 70$

$X - M = 10$

です。総供給 Y が総需要 E に等しいという財市場の均衡条件に，総需要の各項目をそれぞれ代入して整理した結果，次の IS 曲線が導出されました。すなわち，

$r = 52.5 - 0.1Y$ （9－1）

です。（9－1）式の右辺の Y の係数の -0.1 は $-(1-0.6)/4$ の計算結果です。限界消費性向 0.6 がより大きければ，Y の係数の絶対値はより小さくなり，利子率 r の変化に対して Y の変化はより大きくなります。r を縦軸にとり，Y を横軸にとったグラフ上ではより水平に近くなります。投資関数の利子率 r の係数の絶対値がより大きければ，やはり，（9－1）式の係数の絶対値はより小さくなり，利子率の変化に対して，投資がより大きく反応し，その結果，その乗数倍の国内総生産の変化分もより大きくなります。逆に，限界消費性向が 0.5 のようにより小さければ，Y の係数の絶対値はより大きくなります。グラフ上では，IS 曲線の傾きはより急になります。また，投資関数の利子率 r の係数の絶対値が，例えば 3 というようにより小さければ，IS 曲線の Y の係数の絶対値はより大きくなります。要するに，IS 曲線の傾きを決めているのは，限界消費性向と投資関数の利子率の係数の大きさです。いま，限界消費性向を b，投資関数の利子率の係数を β とすると，（9－1）式の Y の係数は，より一般的に表現されて，

$-\dfrac{1-b}{\beta}$ （9－2）

となります。限界消費性向 b が小さいほど，また投資関数の利子率の係数 β が小さいほど，IS 曲線の Y の係数の値の絶対値は大きくなります。

輸入 M が国内総生産 Y に依存する場合には IS 曲線はどのように変化するでしょうか。いま，輸入関数は次式のように定式化されるとします。すなわち，

$$M = 10 + 0.1Y \qquad\qquad (9-3)$$

です。輸出 $X = 20$ とすると，純輸出は

$$X - M = 20 - 10 - 0.1Y$$
$$= 10 - 0.1Y \qquad\qquad (9-4)$$

となります。この場合，IS 曲線は

$$r = 52.5 - 0.125Y \qquad\qquad (9-5)$$

となります。Y の係数は $-(1 - 0.6 + 0.1)/4$ の計算結果です。

より一般的に輸入関数を

$$M = M_0 + mY$$

とします。ただし，M_0 は定数，m は限界輸入性向です。この場合，IS 曲線の Y の係数は

$$-(1 - b + m)/\beta \qquad\qquad (9-6)$$

と書けます。ただし，b は限界消費性向，β は投資関数の利子率の係数で上のモデルで分母の数字の 4 に対応するものです。輸入 M が国内総生産 Y に依存する場合には，総需要の一部が海外に漏出するために国内での乗数効果は小さくなります。（9－6）式の絶対値は，b が小さく，m が大きく，β が小さいほど，大きくなります。限界消費性向が小さく，限界輸入性向が大きく，投資の利子率に対する反応が小さい場合には，マネーストックを増加させて，利子率を低下させても，国内総生産の大きな増加は実現できないということです。これはまず，利子率が低下しても投資があまり反応しないことと，投資の増加に対して限界消費性向が小さく，また総需要のうち輸入を通して海外に漏出する部分が大きいため，投資の乗数効果が小さくなるためです。

IS 曲線の Y の係数の絶対値が大きいほど，図9-1に示すように，縦軸に利子率 r をとり，横軸に国内総生産 Y をとったグラフ上で，IS 曲線の傾きは急になります。このような場合には，金融政策でマネーストックを増やして，LM 曲線を右方にシフトさせても，IS 曲線と LM 曲線の交点で与えられる，財市場と貨幣市場の同時均衡点での国内総生産の増加は限定的になります。つまり，国内総生産の大きな増加は実現できません。つまり，このような場合には，金融政策は大きな効果を発揮できません。図9-1に示すように，LM 曲線が LM から LM' へ

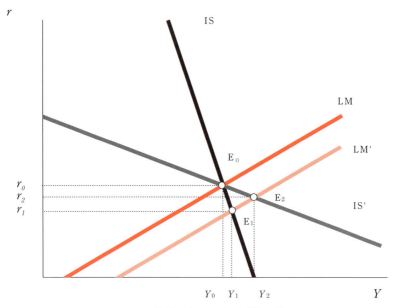

図9-1 IS曲線の傾きと金融政策の効果

シフトしたとき，IS曲線ISとの交点はE₀からE₁へ移動し，利子率はr₀からr₁と大きく低下しますが，投資の増加は少なく，また，乗数効果も小さいため，国内総生産の増加はY₀からY₁へわずかな増加しか実現できません。

他方，IS曲線の傾きが小さく，IS'のようにより水平に近い場合には，同じ貨幣供給量の増加によってLM曲線をLM'へ右方にシフトさせた場合でも，交点はE₀からE₂へ移動し，利子率はr₀からr₂へ低下します。利子率の低下は，比較的小さいにもかかわらず，国内総生産はY₀からY₂まで，大きく増加します。これは，利子率の低下に対して，投資が大きく反応することと，限界消費性向が大きく，乗数効果が大きくなるためです。

（9－2）式の絶対値が小さくてIS曲線がより水平に近い場合には，金融政策によってマネーストックを増加させた場合の国内総生産に及ぼす効果は大きくなります。これは利子率の一定の低下がより大きな投資の増加をもたらし，また，限界消費性向が大きいため，投資増加の**乗数効果**が大きくなるためです。したがって，そのような状況では，金融政策は大きな効果を発揮するといえま

す。逆に，IS曲線の傾きが大きい場合には，金融政策によってマネーストックを増加させても，国内総生産に及ぼす大きさは小さく，大きな効果は望めないことになります。

2．流動性のわながある場合の財政政策の効果

　ケインズが世界的な大恐慌に直面して思い描いていた状況は図9-2に示されるように，IS曲線の傾きが急で，ISのような状態であり，かつ，LM曲線は比較的水平に近い状況であったといえます。その結果，ケインズは政府支出の増加によってIS曲線を右方へシフトさせ，国内総生産を増加させることが有効であると考えたといえます。[1]

　第8章で検討したように，数値例によった特定のLM曲線は次式のように書き表せました。すなわち，

$$r = -10 + 0.025Y \qquad\qquad (9-7)$$

です。利子率を縦軸にとったときの（9－7）式の縦軸の切片は－10ですが，利子率にはこれ以上は下がらないような下限が存在すると考えられます。そのためLM曲線はその下限の水準で水平になります。この利子率の下限の状態を「**流動性のわな**」（Liquidity Trap）と呼びます。コンソル国債の価格は上限に達しているため，誰もが将来のコンソル国債の価格の下落を予想して，コンソル国債を保有しようとはしなくなります。つまり，仮に新たにマネーストックが追加的に供給されても誰もコンソル国債を購入しようとはしません。ですから，コンソル国債の価格はこれ以上上昇しないし，利子率も低下しません。誰もが貨幣のまま保有しようとするため，新たに追加的に供給された貨幣は，利子率

---

[1]　もっともケインズはIS－LM分析を図9-1のように図解して議論していたわけではありません。IS－LM分析はケインズの理論を整理したヒックス（John Richard Hicks 1904-89）とモジリアーニ（Franco Modigliani, 1918-2003）によって導入されたものです。巽博一著『ケインズ経済学の再検討』八朔社，1996年，6頁参照。

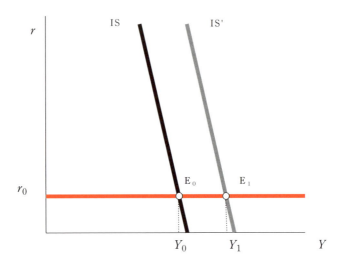

図9-2　流動性のわながある場合の財政政策の効果

の低下によって促された投資とその乗数倍の国内総生産の追加分の取引のために活用されるということがありません。いわば，「流動性のわな」に吸い込まれてしまうというわけです。[2]

図9-2は利子率の下限を r_0 と設定し，LM曲線の流動性のわなを表す領域で，IS曲線とLM曲線とが交わっている状況を示しています。このような場合には，上に述べたような理由で，新たな貨幣が追加的に供給されても全て貨幣のまま保有されてしまって，追加的な取引のために利用されるということがありませんので，国内総生産の増加に寄与することがありません。つまり，金融政策はまったく無効です。このような状態で，国内総生産を増加させるためには，IS曲線を右方にシフトさせるしかありません。日本銀行がいわゆるゼロ金利政策を採用した1999年2月12日以降は，日本経済は流動性のわなに陥っているといえます。日本銀行は2001年3月19日には「量的緩和政策」を採用して，日本銀行預金残高の目標額を設定するようになりました。しかし，2004年10月現在

---

[2]　投機的動機貨幣需要曲線が双曲線であればLM曲線の下限は水平になるわけではありません。漸近的に一定値に近づきます。流動性のわなの場所では，貨幣需要の利子率弾力性は無限になります。

でも、金利は下限に張り付いたままで、流動性のわなからは抜け出せていません。金融政策は事実上、その効果を有効に発揮できない状況にあるといえます。

このような状況では、財政政策が有効です。図9-2に示すように、IS曲線をISからIS'へと右方へシフトさせると、国内総生産はY_0からY_1へとIS曲線のシフト幅に等しい値だけ増加します。利子率上昇による投資のクラウディング・アウトはまったく生じません。ですから、財政政策はもっとも有効に機能します。上に検討したように、このような状況では金融政策は利子率を引き下げることができないので、まったく無効です。

3. クラウディング・アウトと財政政策

第8章で検討したように、LM曲線が右上がりの直線となっているとき、財政支出の増加によるIS曲線の右方へのシフトは利子率の上昇によって民間投資を削減する効果を持ちます。その結果、利子率の上昇がない場合に実現できる国内総生産の増加は実現できず、利子率の上昇によって投資がクラウディング・アウト（押し出し）されて減少するため、その乗数倍の国内総生産が減少し、全体として実現できる国内総生産の増加は両者の和になります。第8章で採り上げた具体的なモデルによると、IS曲線は

$$r＝52.5－0.1Y \tag{9－1}$$

で、LM曲線は

$$r＝－10＋0.025Y \tag{9－7}$$

です。IS曲線とLM曲線を同時に満たす利子率rと国内総生産Yの組合せは、（9－1）式と（9－7）式を連立して、

$$r＝2.5\%$$
$$Y＝500兆円$$

と求められました。政府支出が40兆円増加したとき，財市場だけの均衡を考えるので良ければ，国内総生産はその乗数倍，すなわち，

$$40/(1-0.6)＝100兆円$$

増加します。しかし，貨幣市場の均衡を満たすためには，この増加した国内総生産の取引のために必要となる貨幣を投機的動機貨幣需要から調達しなければなりません。そのためには利子率が上昇して，投機的動機貨幣需要量を減らす必要があります。結果的に，新しい均衡では利子率は4.5％に上昇し，そのため投資は8兆円［＝4×(4.5−2.5)］減少し，その乗数倍の国内総生産20兆円が削減されるため，実際に実現される国内総生産の増加は80兆円［＝100−20］に留まります。政府支出40兆円の増加によって民間企業設備投資が8兆円クラウディング・アウトされて，実現される独立支出の追加は32兆円にとどまり，実現される国内総生産の増加も80兆円に留まります。

　このようなクラウディング・アウトを考えたときには，財政政策のあり方については十分な注意が必要です。政府支出で増加するのは，日本の場合，社会資本の追加です。道路，鉄道，飛行場を含めた港湾，住宅などの建設が促進されるという形で政府支出が増加しました。社会的基盤（**インフラストラクチャー**，略してインフラ）の整備が不十分な時代には，このような政府支出の加速は経済成長にとっても生産性を向上させるという意味を持っており，意義があったといえます。しかし，道路網，鉄道網，港湾，住宅などが既に完備しているような状況では，以上のような社会資本の増加によって総需要を増加させるということの意義は減退しているといえます。それどころか，利子率の上昇の効果によって貴重な民間企業設備投資を削減するというクラウディング・アウトを引きおこすので，問題があるといえます。政府支出として追加されるものの内容も時代の要請に応じて，変化する必要があります。IT関連のインフラストラクチャーを整えるとしても，技術革新が激しい現状では，インフラそのものが急速に陳腐化する可能性もあります。このような状況では，景気刺激をすることによって国内総生産を増加させようとするとしても，単純に政府支出を増加させるのではなく，他の手段を講じることが必要です。

財政政策の中でも減税によって有効需要を増加させる方法もあります。以下では，この効果を検討して見ましょう。減税方法でまず第1に挙げられるのは，家計への租税の減税です。具体的には，所得税を減税することが考えられます。既に，第5章で検討したように，減税の場合には，家計の消費に及ぼす影響はその限界消費性向倍が最初の消費の増加になります。40兆円の減税ではその0.6倍の24兆円が総需要に追加されます。国内総生産に及ぼす影響はその乗数倍で，24/(1−0.6)＝60兆円になります。追加する消費の内容は家計が必要に応じて決めますので，特定の余計な社会資本では無くなります。減税で可処分所得に余裕ができた分，家計は最先端の商品を購入するかもしれません。社会的な資源配分の観点からすると，家計が望んだものに資源が向けられることになります。しかし，それでも，このような減税はクラウディング・アウトから無縁ではありません。この場合，IS 曲線は

$$r=52.5+24/4-0.1Y=58.5-0.1Y \qquad\qquad (9-8)$$

と，上方に6だけシフトします。この結果，新たな均衡では

$$r=3.7\%$$
$$Y=548兆円$$

となります。利子率が1.2％上昇するため，投資が4.8減少し，その乗数倍の12[＝4.8/(1−0.6)]だけ国内総生産が減少します。そのため，上の減税による総需要創出効果60兆円が12兆円削減され，実現される国内総生産の増加は48兆円[＝60−12]に留まります。つまり，減税は余計な社会資本を追加しないとしても，クラウディング・アウトを生み出す点では変わりません。

　減税の中には，投資を直接優遇する，投資税額控除という減税方法があります。これは投資を奨励するために研究開発費などの一定割合，例えば，15％を法人税額から控除するという制度です。[3] このような制度は研究開発や情報通

---

[3]　実際には，研究開発費や IT 関連投資の一定割合を税額控除できるというように，特定の投資奨励となっています。因みに平成15年度の税制改正では，研究開発費については大企業については研究開発費の増加額の12％を法人税額から控除できる（法人税額の12％が限度）

信機器などの特定の投資を奨励する意味を持っています。このような減税方法は投資に直接働きかけて，投資を増加させる効果を持ちます。このような投資税額控除制度による投資の増加は IS 曲線を右方にシフトさせ，利子率の上昇と国内総生産の増加をもたらします。利子率の上昇は他の一般の投資をクラウディング・アウトしますが，当初の投資額の増加よりは小さいので，全体として投資は増加することになります。特定の投資に限定しないで投資税額控除を導入すれば，利子率の上昇分を埋め合わせて余りある投資刺激効果があるといえます。研究開発とか情報通信機器とか，特定の投資を優遇することは一見，好ましいように思えますが，実際には，どのような種類の投資が国民の福祉や生産性の向上に貢献するかは未知数ですから，種類を特定するよりは，より一般的な形で投資税額控除制度を拡充することが望ましい財政政策のあり方になるものと考えられます。一般的な表現になりますが，財政政策を考える場合には，社会的な資源配分のあり方を検討した上で，望ましい，総需要の増加を図かることが重要であるといえます。

4．政策の遅れ（ポリシーラグ）と政策の併用（ポリシーミックス）

　失業率が高く，景気が悪い状況が続くと，金融政策も財政政策も動員されます。金融政策は日本銀行の政策委員会で景気動向を確認して金融政策のあり方を議論して，直ちに金融緩和政策を展開することができます。日本銀行は公開市場操作によって，銀行の保有する国債を購入し，日本銀行貨幣を供給します。そうして，銀行間の貸出金利である**コールレート**を引き下げます。また，日本銀行の貸出基準金利である基準割引率および基準貸付利率（2006年8月までは公定歩合と呼ばれていました）を引き下げます。こうして，銀行の貸出金利を引き下げ，企業の投資が増加することを促します。また，家計の住宅投資やローンに依存した自動車購入などを促します。しかし，金融政策の効果が浸透する

とになっています。また，中小企業については試験研究費総額の10%（当期税額の15%が限度）を法人税額から控除できます。詳しくは国税庁のホームページ参照。

第9章 どんな政策が有効か　173

には時間がかかります。というのも，企業の投資は金利だけではなく将来の販売の見通しなどの要因に左右され，投資計画を見直すまでに時間がかかるからです。家計の住宅投資や耐久財の消費などもローンに依存していることが多く，金利が低下すれば，いずれも刺激はされますが，景気の悪い状況で，将来の雇用不安があるような場合には，すぐにこれらの支出が促進されるということもないからです。金融政策の変更が実際の総需要の変動となって現れるには，半年以上の遅れが生じるものとされています。

　他方，財政政策が発動されるまでには時間がかかります。政府支出や減税などは国会での議決が必要で，不況であることの確認，政府による計画の策定，国会での審議に時間がかかるからです。しかし，一旦，国会での議決が済めば，その後は迅速に政策は発動されます。

　政府支出は直ちに実行に移されます。ただし，減税については，たとえば，一人当たり25万円の一律定額減税を実施したとして，これが年末に調整される形で行われたり，確定申告時に実施されたりということであれば，その政策の効果が発現されるまでに1年ほどの遅れ（ラグ）が生じるといえます。投資税額控除が拡充されたとして，この効果は実際に投資が行われるまで，また，税額控除は納付すべき法人税額からの控除になりますので，税額控除が実現するのは3月の確定申告の時期になり，ここでも長い遅れが生じることになります。一般に，国会での議決後，政府支出の増加は早く実現できますが，減税の効果が実現できるまでには長い遅れが生じるといえます。[4]　しかし，実際に政府支出，消費，投資が増加すると総需要の増加が直接実現できます。

　以上のように，金融政策にしても財政政策にしても，景気の状況を判断して，実際の政策を実行するまでに時間的な遅れが生じます。また，政策が実行されてもその効果が上がるまでには遅れが生じます。このような，景気状況を判断するまでの時間的な遅れ，政策を実行するまでの遅れ，および，政策が実行されてからその効果が実際に現れるまでの時間の遅れ，これらを総称して，政策

---

[4]　家計や企業が減税効果を先取りして消費や投資を実現すれば，その効果は早日に現われるといえます。しかし，実際には流動性制約があるため，早目の減税効果の実現は生じがたいといえます。

の遅れ（ポリシーラグ）と呼びます。

　実際には，不況の時期には，財政政策が発動されてもクラウディング・アウトが生じることは少いと考えられます。というのも，そのような時期には金融政策も動員されていて，利子率が低位に抑えられているからです。不況が長期にわたるときには，利子率の低下だけでは総需要の増加が実現できないために，財政政策が発動されるのが常であったといえます。

　逆に，景気拡大が続くと，資源の制約にぶつかり，原材料価格の上昇，賃金の上昇が見られます。このようなときには，金融政策が金融引き締めに転じて，物価安定（＝通貨価値の安定）に努めます。財政政策が発動されて，政府支出が削減されたり，増税が行われて，消費や投資が減少するような政策が展開されることはまれです。

　このように景気の状況に応じて，金融政策と財政施策とは併用されたり，使い分けられたりします。このことを**政策の併用**（ポリシーミックス）と呼びます。

5．自動安定化装置

　金融政策や財政政策が発動され，実際に効果を持つまでにはかなりの時間的な遅れ（タイムラグ）があります。このような裁量に基づく政策に依らないでも，自動的に景気の振幅を緩和するような反循環的（counter-cyclical）な効果をもつ装置が制度に組み込まれています。これを**自動安定化装置**と呼びます。例えば，景気拡大に対して自ずからブレーキの役目を果たすのは，所得税と法人税などの税制です。所得税は累進課税になっていますので，家計の所得が増加するとき，平均税率は上昇します。これは家計の消費に対して抑制効果を持ちます。また，法人税は利益がないときにはかかりませんが，利益が出ると，利益に対して一定比率の税が徴収されます。法人税率は2018年度現在（2018年度以降）では23.2％となっています（事業税や住民税を含めた実効税率は2018年度現在29.74％です）。このような税制は企業の可処分所得を削減し，景気拡大の速

第9章　どんな政策が有効か　175

度を緩和するものとなります。

　景気後退の時期にも，自動安定化装置は働きます。家計の所得の減少によって所得税率は低下します。また，法人所得がマイナスになれば，法人税は免除されます。失業者に対しては失業保険が支払われることによって，所得の減少が緩和され，総需要の減少も緩和されます。金融政策や財政政策が発動されて効果を持つ前から，いわば，自動的にこれらの制度の効果が景気を安定化させるように機能し始めるといえます。

アドバンス

合理的期待形成と金融政策の無効性およびリカードの等価定理

　いま，国内総生産は実際のマネーストックと予想されるマネーストックとの差（つまり，事前には予期されていなかったサプライズ）に依存するというモデルを考えます（このような供給関数をルーカス型供給関数と呼びます）。また，民間経済主体は政府の金融政策ルールを知っていて，そのルールを事前に織り込んで，マネーストックが将来どうなるかについての主観的な期待形成（予測）を行うものとします（このように客観的なモデルの数学的期待値に基づいて主観的な期待形成を行うことを**合理的期待形成**とよびます）。すると，国内総生産の変動を削減させようとする政府の金融政策は全く無効になります。これは経済主体が金融政策ルールを知っているために，中央銀行が行う行動を予測し，それに応じた行動をするために，意外性が失われ，政策効果が発揮できなくなるためです。[5]

---

[5]　サージェント＝ワラス（Sargent, Thomas J. and Neil Wallace, "Rational Expectations and the Theory of Economic Policy", Journal of Monetary Economics 2 (April 1976) 169–83）のモデルはこのような性質をもった具体的なモデルです。以下の3本の式で示されます。

$$y_t = a_0 + a_1(m_t - E_{t-1}m_t) + a_2 y_{t-1} + u_t$$
$$m_t = g_0 + g_1 y_{t-1} + e_t$$
$$E_{t-1}m_t = g_0 + g_1 y_{t-1}$$

ただし，y_tは潜在国内総生産からの乖離，m_tはt期のマネーストックの成長率，$E_{t-1}m_t$はt−1期におけるt期のマネーストックの数学的期待値です。$a_i (i=0, 1, 2)$, $g_i (i=0, 1)$は係数，u_t, e_tは互いに独立で，それぞれ系列相関がなく，時間を通じて分布が一定で，各期の期待値がゼロの確率変数です。金融政策はy_{t-1}に対して，g_1の値を適切に決めることによって，y_tの値に影響を及ぼすことで，y_tの振幅を小さくしようとするものですが，2番目の式と3番目の式を1番目の式に代入するとわかるように，g_1はy_tに何の影響も及ぼさないことがわかります。つまり，金融政策は無効になります。過去のm_tとy_tの関係から金融政策の効果を予測することはできません。

より一般的にいえば，過去のインフレと失業率などの関係は政策が変われば変わってしまうので，政策効果を過去の関係に基づいて予測することはできないということになります。民間の経済主体が合理的な行動をする結果，金融政策は効果を持たないという考え方はルーカス（Robert Emerson Luca, Jr, 1937–）によって提起されたために**ルーカス・クリティーク**（Lucas Critique, ルーカス批判）と呼ばれています。

　財政政策の効果に対しても疑問が提起されています。いま，政府支出の増加の財源が国債によって賄われるとします。国債は将来の増税によって国民によって負担されなければなりません。すると，合理的な国民は将来の増税を見越して，今から貯蓄を増加させ，消費を削減する行動をとるものと考えられます。そうすると，政府支出の増加は同額の消費の削減によって伴われ，財政政策の効果は全くなくなります。このような考え方は19世紀にリカード（David Ricard, 1772–1823）によって指摘されていましたので，**リカードの等価定理**（Ricardian Equivalence）と呼ばれます。

本章のまとめ

1. **IS曲線の傾き**は，限界消費性向が小さいほど，利子率に対して投資が反応する程度（投資の利子率弾力性）が小さいほど，急に（垂直に近く）なります。このような場合，貨幣供給量を増加させる金融政策を行っても，国内総生産の増加幅は限定的です。逆に，IS曲線が水平に近い場合には**金融政策の効果**は大きくなります。これは限界消費性向が大きく，また，投資の利子率弾力性が大きい場合です。

2. 利子率がその下限にあって，**流動性のわな**（Liquidity Trap）が存在する場合には，貨幣供給量を増加させても利子率は低下せず，国内総生産は増加しません。つまり，金融政策は無効です。

3. 財政支出の増加によるIS曲線の右方へのシフトは利子率を引き上げ，投資を削減（**クラウディング・アウト**）します。貨幣需要の利子率弾力性が低ければ低いほど，クラウディング・アウトの程度は大きく，その結果，財政政策の効果が削減される度合いも大きくなります。

4. 金融政策はすぐ発動されますが，その効果が浸透するには時間がかかります。財政政策は決まるまでに時間がかかりますが，政府支出が実行されるとその効果はすぐに現れます。しかし，減税は決められても実際の効果が現れるまでには時間がかかります。このように政策効果が実際に現れるまでの遅れのことをポリシーラグと呼びます。

5. 実際には，金融政策と財政政策とは併用（**ポリシーミックス**）されます。そのため，不況期に財政政策が行われる場合にもクラウディング・アウトが生じ

ることはありません。

6. **自動安定化装置**は裁量的な政策が無くても景気の変動を緩和する制度的な枠組みです。所得税，法人税，失業保険などが反循環的に作用します。

─ ■その他のキーワード■ ─

合理的期待形成：客観的なモデルの数学的期待値に基づいて主観的な期待形成を行うこと。

ルーカス・クリティーク：ルーカスによって提起された，民間の経済主体が合理的な行動をする結果，金融政策は効果を持たないという考え方。

リカードの等価定理：国債発行に基づいた財政支出の増加でも，合理的な国民は将来の増税を見越して，今から貯蓄を増加させ，消費を削減する行動をとるため，政府支出の増加は同額の消費の削減によって伴われ，財政政策の効果は全くなくなること。

《練習問題》

《概念の理解・定着問題》

問1　次の文章の下線部にもっとも適した語を以下の語群から選んで記入しなさい。

1）IS曲線は財・サービス市場の均衡を表す利子率と [(1)] の組み合わせを示す曲線です。

2）LM曲線は貨幣市場の均衡を表す [(2)] と国内総生産の組み合わせを示す曲線です。

3）IS曲線とLM曲線の交点の座標は財・サービス市場と [(3)] を同時に均衡させる利子率と [(4)] の組み合わせを示します。

4）企業の国内投資が世界経済の景気見通しの悪化によって，減少すると，IS曲線は [(5)] にシフトします。

5）中央銀行が貨幣供給を増加させるとLM曲線は [(6)] にシフトする。

6）IS曲線が不変のままでLM曲線が右方にシフトすると均衡利子率は [(7)] し，均衡国内総生産は [(8)] する。

7）企業の国内投資が世界経済の景気見通しの好転により増加すると，LM曲線が不変の場合，均衡国内総生産は [(9)] し，均衡利子率は [(10)] します。

語群

① 利子率　② 国内総生産　③ 貨幣市場　④ 財市場　⑤ 右方
⑥ 左方　⑦ 低下　⑧ 上昇　⑨ 増加　⑩ 減少

問2　次の文章の下線部にもっとも適した語を以下の語群から選んで記入しなさい。
1）「流動性のわな」が生じているばあいには，LM曲線が □(1)□ なため，中央銀行がマネーストックを増加させても，均衡金利は □(2)□ せず，そのため，企業投資も □(3)□ しない。
2）政府が景気後退の対策として経済政策を実行する場合には，まず，景気の □(4)□ を確認する必要がある。景気の変動が一時的な天候変動などの要因によるものかどうかを確認するには，数ヶ月の時間が必要です。景気停滞が数四半期継続するとき，初めて，景気対策の必要が □(5)□ される。政府が景気対策の実施を決定しても，その歳出のための臨時予算案を □(6)□ で審議にかける必要があります。無事，1～2四半期で，立法化されても，予算を実際に □(7)□ するまでに時間がかかる。こうした遅れによって，景気の現状と経済対策との間にはずれが生じます。

語群
①垂直　　②水平　　③低下　　④上昇　　⑤現状　　⑥認識　　⑦国会
⑧執行　　⑨増加　　⑩減少

3）財政政策によって景気刺激策（たとえば公共土木事業）を実行するときに，金融政策が不変のままだと，利子率が □(1)□ します。すると，企業投資が □(2)□ するので，財政支出の増加の効果が企業投資の □(3)□ によって削減されます。それを避けるために，金融政策も拡張的な政策を導入すると，LM曲線は □(4)□ にシフトし，マクロ均衡点は利子率が不変のまま，□(5)□ が増加します。
4）自動安定化装置の一つである法人税では，景気が良くなって企業利益が増加すると，法人税額が □(6)□ するため，税引き後利益は □(7)□ し，景気拡張を縮小する効果をもちます。逆に，不況期には企業利益がマイナスになると法人税は □(8)□ になるので，企業の負担はなくなります。また，景気回復過程では，不況期の損失は企業利益から □(9)□ されるので，景気拡張を促進させます。

語群
①減少　　②増加　　③国内総生産　　④右方　　⑤左方　　⑥ゼロ
⑦控除　　⑧上昇　　⑨低下

《スキル形成問題》

問1　IS曲線は以下の場合にどのように変化するか，説明しなさい。
1）投資の利子弾力性が増加したとき。
2）投資の利子の変化に対する反応が弱くなったとき。
3）今後の世界経済の景気が停滞することが見込まれるとき。

問2　LM曲線は以下の場合にどのように変化するか，説明しなさい。
　1）中央銀行によるマネーストック供給が増加したとき。
　2）投機的動機貨幣需要の利子弾力性が低下したとき。

問3　1）IS曲線とLM曲線の交点座標はどういう意味を持っているか説明しなさい。
　2）また，世界経済の景気が好転する見通しがでたため，日本企業が国内投資を拡大させるとき，IS曲線とLM曲線の交点（マクロ均衡点）はどのように変化するか，説明しなさい。

問4　財政政策のクラウディング・アウト効果とは何か，説明しなさい。
　　短期金利が中央銀行の政策によりマイナス水準に維持されるとき，クラウディング・アウトは生じますか？生じないとすれば，なぜ生じないか説明しなさい。

問5　政府が法人税率を軽減すると，自動安定化装置はどのように変化しますか，説明しなさい。

問6　いま，一国の経済が次のモデルで表現されている。以下の設問に答えなさい。

$E = C + I + G + (X - M)$
$C = 12 + 0.6Y$
$I = 100 - 4r$
$G = 70$
$X = 30$
$M = 0.1Y$
$Ms = 40$
$L = 0.1Y - 4r$

ただし，E：総需要，C：消費，I：投資，G：政府支出，X：輸出，M：輸入，Ms：貨幣供給量，L：貨幣需要量，r：利子率（％），（単位：利子率以外は兆円）です。
　1）均衡における国内総生産と利子率を求めなさい。
　2）政府支出を30増加させたとき，利子率はどれだけ上昇するか。その結果投資のクラウディング・アウトはどれだけ生じるか，求めなさい。また，新しい均衡での国内総生産を求めなさい。
　3）投資関数の利子率の係数が5に上昇したとする。政府支出が70のときの均衡利子率と均衡国内総生産を求めなさい。また，政府支出が30増加したとき，投資はどれだけクラウディング・アウトされるか求めなさい。

《未経験な複雑な問題への挑戦》

問1　アベノミクスの旧3本の矢について説明しなさい。また，3本の矢のそれぞれは IS，LM 曲線にどのような影響を及ぼすと考えられますか，説明しなさい。

問2　日本銀行は2016年9月にイールドカーブ・コントロール政策を導入し，短期金利はマイナス，10年物長期金利をゼロ金利とする政策を導入しました。この政策により，企業投資はどのように変化すると考えられますか。企業の短期的な投資と長期的な投資とを区別して説明しなさい。

問3　外国人労働力を増加させると，IS 曲線はどのように変化しますか。国内消費と企業投資に及ぼす影響を考えて，説明しなさい。

問4　日本銀行の大幅金融緩和により，大幅な円安が生じ，日本の国内物価が外国人にとっては相対的に安くなったために，いわゆるインバウンドの旅行客が大幅に増加したとする。IS 曲線はどのように変化し，国内利子率と国内総生産はどのように変化しますか。説明しなさい。

問5　消費税率の8％から10％への引き上げによって，家計の消費税の効果を考慮に入れた限界消費性向が低下すると，均衡利子率と国内総生産はどのように変化しますか。説明しなさい。ただし，異次元金融緩和の効果は維持されているものとする。

問6　家計のカードによる支払いの普及により取引動機の現金需要は減少するが，家計の消費額には変化がないとすると，現金の代わりに預金が支払いに使用される。すると，決済に使用される取引動機貨幣需要は変わらない。ただし，金融政策には変化がなく，マネーストックは変わらないものとする。以上の真偽について説明しなさい。

第10章

外国との関係にも目を向けよう

　今日の世界では，一国の経済は外国の経済と密接に関連しています。原材料，部品，製品，および特許などの輸入が国内での生産活動には無くてはなりませんし，また，国内で生産された多くの製品が海外へ輸出されています。輸出入を欠いては，日本経済は成り立ちません。また，多くの国で資本移動が自由化されている今日では，資本移動が金利や為替レートに及ぼす影響も重要です。本章では，一国の国内経済の均衡が国際的な連関によってどのような影響を受けるかを検討します。

本章で学習すること

1. ２国が輸出と輸入で相互に連関している場合の２国の国内総生産の同時決定について検討します。
2. 外国為替レートが輸出入と資本移動によってどのように決定されるかを検討します。
3. 資本移動が自由な変動相場制の下での金融政策と財政政策の効果について検討します。

１．２国モデル

　ある国の経済は他の国の経済と貿易，つまり，輸出と輸入の関係を通じて，密接に関係しています。例えば，日本は米国から大豆，小麦，肉などの食料を輸入したり，機械やコンピュータ・ソフトなどを輸入していますが，日本からは自動車，ビデオなどの電気機器，カメラやファックスなどの精密機器，鉄鋼

182

製品など重化学工業製品を輸出しています。このような貿易関係は中国との間でも，あるいは他のアジア諸国やヨーロッパ諸国などとの間にも見られます。本節では，国と国との間の貿易関係を通じて，一国経済動向が他国の経済動向にどのような影響を及ぼすかを具体的に簡単な2国の財市場モデルで検討します。

　いま，A国とB国があり，それぞれ以下のようなモデルでそれぞれの国の経済が説明できるものとします。以下のモデルの基本的なポイントは，消費と輸入が所得に依存し，A国の輸出はB国の輸入に等しく，逆に，A国の輸入はB国の輸出に等しいという点です。

	A国のモデル		B国のモデル	
$C=10+0.6Y$	（10－1）	$C^*=20+0.8Y^*$	（10－7）
$I=90$	（10－2）	$I^*=200$	（10－8）
$G=50$	（10－3）	$G^*=100$	（10－9）
$X=20+0.2Y^*$	（10－4）	$X^*=10+0.1Y$	（10－10）
$M=10+0.1Y$	（10－5）	$M^*=20+0.2Y^*$	（10－11）
$E=C+I+G+(X-M)$	（10－6）	$E^*=C^*+I^*+G^*+(X^*-M^*)$	（10－12）

ただし，A国については C：消費，Y：国内総生産，I：投資，G：政府支出，X：輸出，Y^*：B国の国内総生産，M：輸入，E：総需要，です。

　A国のモデルの特徴は以下の通りです。消費 C は国内総生産 Y に依存します。A国の限界消費性向は0.6です。投資 I と政府支出 G は国内総生産 Y からは独立です。A国の輸出 X はB国の輸入 M^* に等しいわけですから，A国の輸出 X はB国の国内総生産 Y^* に依存します。A国の輸入 M はA国の国内総生産 Y に依存します。A国の限界輸入性向は0.1で，国内総生産が10兆円増えると輸入 M は1兆円増加します。（10－6）式はA国の総需要 E は消費 C，投資 I，政府支出 G，及び純輸出（$X-M$）の和であることを示しています。

　B国のモデルもA国のモデルと同じ構造です。＊マークはB国のそれぞれの変数を表しています。アルファベットで表現された変数が表現している内容はA国のものと同じですが，＊マークでB国のものであることを表現しています。

第10章　外国との関係にも目を向けよう　183

例えば，C^* は B 国の消費を表現しています。（10－1）式が示すように，B 国の消費 C^* は B 国の国内総生産 Y^* に依存します。B 国の限界消費性向は0.8です。B 国の輸入 M^* は B 国の国内総生産 Y^* に依存します。限界輸入性向は0.2です。つまり，B 国の国内総生産 Y^* が10兆円増加すれば B 国の輸入は 2 兆円増加します。B 国の輸入関数はそのまま A 国の輸出関数になっています。逆に，B 国の輸出関数は A 国の輸入関数になっています。

　さて，このような 2 国モデルでは A 国の財市場の均衡条件，すなわち，総供給 $Y=$総需要 E から Y と Y^* の関係が導き出され，また，B 国の財市場の均衡条件，すなわち，B 国の総供給 $Y^*=$B 国の総需要 E^* から Y^* と Y の関係が導き出されます。これらの 2 本の式を Y と Y^* の連立方程式として解くことによって，Y と Y^* の値を求めることができます。つまり，2 国モデルでは，一国の財市場の均衡条件だけから，一国の国内総生産 Y の値とそれに依存する消費 C，輸入 M の値を決めることはできません。B 国の国内総生産 Y^* が決まって始めて，A 国の輸出が決まり，そこで，A 国の国内総生産 Y も決まります。ところが，B 国の国内総生産 Y^* については A 国の国内総生産 Y が決まらなければ，B 国の A 国に対する輸出 X^* が決まりません。ところが，B 国の A 国に対する輸出 X^* は A 国の輸入 M で，これは A 国の国内総生産 Y が決まらなければ決まりません。要するに，A 国の国内総生産 Y と B 国の国内総生産 Y^* は同時に決まらなければならないというわけです。

　A 国の財市場の均衡条件は A 国の総供給（国内総生産 Y）が総需要 E と等しいということです。すなわち，

$$Y=E \tag{10-13}$$

です。（10－13）式の右辺の E に（10－6）式を代入すると，次式が求められます。すなわち，

$$\begin{aligned}Y&=C+I+G+(X-M)\\&=10+0.6Y+90+50+(20+0.2Y^*-10-0.1Y)\end{aligned} \tag{10-14}$$

です。ただし，（10－14）式の 2 行目の右辺は 1 行目の右辺のそれぞれの変数に

$(10-1) \sim (10-5)$ 式を代入したものです。$(10-14)$ 式を整理すると，

$$0.5Y = 160 + 0.2Y^*$$

となります。両辺を 2 倍すると，

$$Y = 320 + 0.4Y^* \qquad\qquad (10-15)$$

となります。

　B 国について同様の作業をします。B 国の財市場の均衡条件は

$$Y^* = E^*$$
$$= C^* + I^* + G^* + (X^* - M^*)$$
$$= 20 + 0.8Y^* + 200 + 100 + (10 + 0.1Y - 20 - 0.2Y^*)$$
$$= 310 + 0.6Y^* + 0.1Y$$

です。これを Y^* について整理すると，

$$0.4Y^* = 310 + 0.1Y$$

となります。両辺をそれぞれ2.5倍すると，

$$Y^* = 775 + 0.25Y \qquad\qquad (10-16)$$

となります。$(10-15)$ 式と $(10-16)$ 式を連立して Y と Y^* を求めます。$(10-16)$ 式を $(10-15)$ 式の Y^* に代入して，

$$Y = 320 + 0.4(775 + 0.25Y)$$
$$= 320 + 310 + 0.1Y$$

となります。これより，

$$0.9Y = 630$$
$$Y = 700$$

と求められます。この値を $(10-16)$ 式に代入して，

第10章　外国との関係にも目を向けよう　185

$$Y^* = 775 + 0.25 \times 700 = 950$$

と求められます。

このときA国の各変数の値は次のように求められます。すなわち,

$$C = 10 + 0.6 \times 700 = 430$$
$$X = 20 + 0.2 \times 950 = 210$$
$$M = 10 + 0.1 \times 700 = 80$$

です。

同様にB国の各変数の値は $(10-7)$, $(10-10)$, $(10-11)$ 式に Y^* または Y の値を代入して

$$C^* = 20 + 0.8 \times 950 = 780$$
$$X^* = 10 + 0.1 \times 700 = 80$$
$$M^* = 20 + 0.2 \times 950 = 210$$

と求められます。

　さて, 一国の経済政策の効果は2国モデルではどのようになるでしょうか。A国の政府支出 G が一定量増加した場合の効果を考えてみます。輸入 M が国内総生産 Y に依存する分だけ, 総需要の一部がB国へ漏出します。その結果, A国の国内総生産 Y の増加は貿易がない場合よりは小さくなります。しかし, B国の輸出が増加する結果, B国の国内総生産 Y^* も増加し, それはB国の輸入 M^* を増加させます。その結果, A国の輸出が増加し, 漏出した総需要の一部が輸出の増加という形でA国に戻ってきます。A国の政府支出 G の増加の効果も, A国とB国の財市場の同時均衡として解く必要があるわけです。

　いま, A国の政府支出 G が18増加したとします。このとき, A国とB国の国内総生産はどのように変化するでしょうか。また, 政府支出の乗数効果はどれだけの大きさになるでしょうか。この効果を調べるためには, 上のA国の G を68に置き換えて, A国とB国の財市場の均衡をもういちど同時的に解けば, 両国の国内総生産の新たな水準が求められます。A国の国内総生産の増加分を

ΔY, B 国の国内総生産の増加分を ΔY^* とすると, それぞれの国の乗数は, 政府支出の増加分を ΔG として, $\Delta Y/\Delta G$, および $\Delta Y^*/\Delta G$ として求められます。A 国について $G=68$ と置いた場合, (10−15) に対応する式は次式のようになります。すなわち,

$$Y=356+0.4Y^* \qquad\qquad (10-17)$$

です。他方, B 国の財市場の均衡から導き出される (10−16) 式はそのままです。というのも, B 国にとっては A 国の Y が変わるだけで, B 国のその他の条件には何の変化もないからです。そこで, (10−16) 式と (10−17) を連立して,

$$Y=740$$
$$Y^*=960$$

と求められます。これより Y の増加分と Y^* の増加分は

$$\Delta Y=740-700=40$$
$$\Delta Y^*=960-950=10$$

と求められます。そこで, A 国の政府支出乗数は

$$\frac{\Delta Y}{\Delta G}=\frac{40}{18}=2.22 \quad (より正確には \frac{20}{9}) \qquad\qquad (10-18)$$

と求められます。A 国の政府支出の増加が B 国の国内総生産 Y^* に及ぼす乗数効果は

$$\frac{\Delta Y^*}{\Delta G}=\frac{10}{18}=0.56 \quad (より正確には \frac{5}{9}) \qquad\qquad (10-19)$$

です。乗数の大きさから, B 国の国内総生産に及ぼす影響は絶対額でみて, A 国の国内総生産に及ぼす影響の 1/4 であることが分かります。一度, この乗数効果が分かれば, 政府支出の大きさを増加させたときの A 国と B 国の国内総生産に及ぼす影響は政府支出の増加分にそれぞれの乗数を掛けて直ちに求められます。たとえば, A 国の政府支出が36増加したときの A 国の国内総生産の増加は

$$36 \times (20/9) = 80$$

です。また，B国の国内総生産の増加は

$$36 \times (5/9) = 20$$

と直ちに求められます。

　以上は2国モデルにおける政府支出の乗数効果を求めましたが，仮に，A国の輸出と輸入がそれぞれ，上で求めた値，210と80に固定されていたとしますと，A国だけの閉鎖モデルになります。この場合には，均衡国内総生産は700で上と同じになりますが，政府支出乗数は2.5になります。これは（10-14）式に対応する式が

$$Y = 280 + 0.6Y$$

となり，ここから

$$Y = \left(\frac{1}{0.4}\right) \times 280$$

という式が求められます。政府支出の18の増加は右辺の280の値が298になることを意味します。そのとき，Yの増加分は

$$\Delta Y = 2.5 \times 18 = 45$$

になります。つまり，この場合の乗数は2.5で2国モデルの2.22よりは大きくなっています。逆に言うと，2国モデルでは，輸入を通じて総需要の一部が海外へ漏出するために，乗数は閉鎖モデルの場合より小さくなるわけです。その分，B国の国内総生産が増加することになります。

　上の2国モデルは財市場の直接的な結びつきを実質ベースでモデル化したものですが，実際には，各国の貨幣価値は為替レートで自国の貨幣価値に換算されます。また，現在の国際環境の下では，資本の国際間の移動が自由化されています。資本の流出入は為替レートに影響を及ぼすことで，財の輸出入にも影響を及ぼします。以下では，この点を検討します。

２．外国為替レートはなぜ変動するのでしょうか

　それでは，外国為替レートはどのような要因によって変動するのでしょうか。変動相場制の下では，為替レートは日々刻々と変動しています。特に，ビッグニュースがあったり，金融当局の方針が変更されたりすると，大きく変動しています。これらの変動の背景にあるのはもちろん為替の需要と供給です。外国為替を需要する人は外国為替で支払を必要とする人です。つまり，外国から財・サービスを輸入し，外国の取引先へ外国為替で支払をする必要のある人，海外へ投資をするために外国為替を必要とする人達です。他方，外国為替を供給する人は，財・サービスを輸出して獲得したドルを日本円に変える必要のある人，海外から外国為替を日本円に変えて日本で投資をする人達です。図10-1には外国為替市場での外国為替の需要と供給が示されています。縦軸には，１ドル＝e円として，対ドル円建ての為替レート（円/ドル）がとられています，横軸には外国為替（ドル）の需給量がとられています。需要曲線は財に対する需要の場合と同じように右下がりの曲線（図では直線）です。つまり，為替レートが低下し，円高になれば，輸入が増加し，外国為替（ドル）の需要量［＝輸入量×ドル表示輸入単価］が増加します。また，円高になれば，海外への投資が増加し，外国為替に対する需要量が増加します。というのも，日本から見ると，海外の物価が相対的に安くなるからです。他方，外国為替の供給は右上がりの曲線（図では直線）になります。というのも，為替レートが上昇して，円安になれば，日本からの輸出は増加し，外国為替の供給量は増加するからです。また，海外に直接投資をしようとしている外国の企業や海外旅行をしたいと思っている外国人にとっては日本はより魅力的な国になります。というのも，海外から見れば，日本の物価は相対的に安くなるからです。

　均衡為替レートは外国為替の需要と供給を一致させるような為替レートの値ですから，需要曲線Ｄと供給曲線Ｓとの交点Ｅの縦座標e_0で与えられます。そのときの**均衡需給量**は交点Ｅの横座標Fx_0で与えられます。均衡為替レートが日々変動するのはその背景にある需要と供給が日々変動しているからです。例

えば，米国の国内総生産が増加して日本からの輸出が増加したとします。これは外国為替レートが一定の下で以前より多くの輸出が実現でき，外国為替の供給量が増加しますので，供給曲線全体が右方にシフトします。その他の条件に変動がなければ，需要はそのままです。すると，需要曲線との交点は新しい供給曲線 S' と需要曲線 D との交点 F へ右下方にシフトします。その結果，均衡為替レートは e_1 へ低下し，需給量は Fx_1 増加します。つまり，輸出金額が増加するような場合には為替レートは円高になります。逆に，石油価格が上昇して，日本の輸入金額が増加するような場合には，需要曲線が右方に D' へシフトして，供給曲線との交点は G 点へシフトし，均衡為替レートは e_2 へ上昇し，円安になります。

　為替レートの短期的な変動は金利の変動，株式相場の動向，為替レートの変動の期待などの要因によって，日々変動します。例えば，日本経済の景気回復の期待が何かの拍子に海外の投資家の間で高まると，日本の株式の先高が予想され，日本株への投資が急速に増加します。すると，外国為替市場での供給曲線は S' のように右方へ急速にシフトし，均衡為替レートは急激に e_1 へ低下し，突然円高が発生します。このような日々の変動は，諸々の偶然的な出来事から生じる実体的な背景による需給の変動や期待の変動による需給の変動を反映し，まともに予測することは不可能です。実際に生じている変動についての規則性をとらえることも容易ではありません。短期的な将来の予測の最善の予測値は現在の為替レートに他ならないという見方もあります。

　しかし，国内金利は国内の金融当局の金融政策のあり方によって大きく左右されます。また，輸出入の決済などに必要な外国為替よりも，資産として保有されている貨幣ストックは内外の金利変動に反応して巨額の資金がドルから円へ，あるいは円からドルへと転換され，そのたびに外国為替市場へ，巨額の資金が供給されたり，需要されたりします。こうした資金の移動は外国為替の需給に影響を及ぼし，為替レートを短期的に変動させる要因となっています。いま，変動相場制の下で資本移動に対する規制がない場合を考えます。当初国内の金利と海外の金利が同一であったとして，海外の金利がそのままで，国内金融当局による金融引き締めの結果，LM 曲線と IS 曲線との交点によって決まる

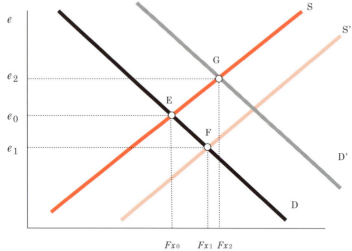

図10-1　外国為替市場

均衡国内金利は上昇したとします。すると，国内金利が海外の金利に比較して相対的に高くなりますので，より高い収益機会を求めて海外から日本へ資本が流入します。そのため，図10-1に示すように，外国為替市場での供給曲線は右側にシフトし，為替レートは円高になります。このような円高は国内外の金利動向によってもたらされますが，輸出入にも影響を与えます。先にも検討したように，円高は輸入を増加させ，輸出を減少させ，純輸出を減少させます。以下では，輸出入が外国為替レートに依存する場合のIS－LMモデルを検討します。

3．輸出入が為替レートに依存する場合のIS－LMモデル

　第1節では輸入は国内総生産が増加すれば増加するものとしました。しかし，輸入や輸出は為替レートの水準にも依存します。というのも，為替レートの変動は輸出価格や輸入価格を変化させ，それぞれの需要量を変化させるからです。例えば，円高は円の価値が上昇し，外国為替レートが低下し，例えば，110円/

ドルが100円/ドルへと変化することを意味します。日本からの輸出品の米国での価格は上昇します。例えば，110万円の自動車の米ドルでの価格は1万ドルから11000ドルへ10％上昇します。その結果，米国での日本車に対する需要量は減少します。その結果，日本からの輸出は減少します。[1] 他方，輸入製品の国内での価格は低下します。例えば，20ドルのCDは2200円から2000円に値下がりします。その結果，日本国内でのCDの需要量は増加し，輸入は増加します。いま，このような関係を輸出関数と輸入関数に取り込んだIS−LMモデルを次のように定式化します。すなわち，

$$C = 10 + 0.6Y \qquad (10-20)$$

$$I = 120 - 4r \qquad (10-21)$$

$$G = 90 \qquad (10-22)$$

$$X = 10 + 0.2e \qquad (10-23)$$

$$M = 10 + 0.1Y - 0.2e \qquad (10-24)$$

$$E = C + I + G + (X - M) \qquad (10-25)$$

$$Ms = 60 \qquad (10-26)$$

$$L = 0.1Y + 20 - 4r \qquad (10-27)$$

です。ただし，e：為替レート（円/ドル）です。輸出関数は為替レートeの値が大きくなれば，つまり，円安になれば，輸出が増加するようになっています。第1節の2国モデルで定式化したような他国の国内総生産は変数の中にはありません。ここでは，為替レートの変動の効果をみることに関心があるためです。

このモデルの特徴はIS−LMモデルの均衡解が為替レートeの値によって左右されるということです。したがって，このモデルでは為替レートは外生的に与えられます。本来，為替レートは第2節で検討されたように，外国為替市場での需給の均衡によって決まります。輸出によって供給される外国為替と輸入

---

[1]　米国における日本車の価格が上昇しても価格弾力性が1より小さければ，つまり，日本車に対する嗜好が強くて，価格上昇率ほど販売数量が減少しなければ，米国における日本車の販売金額はかえって，増加します。その場合には，輸出金額はかえって増加します。ここでは，価格弾力性は1より大きい，つまり，価格上昇率以上に需要量は減少し，販売金額は減少するものと仮定しています。

によって需要される外国為替の他に，海外からの資本流入によって供給される外国為替と海外への資本流出によって需要される外国為替があります。変動相場制度の下ではこれらの需給の全体によって為替レートも決まります。ここでは，資本の流出入が為替レートの変動の大きな決め手になることだけを注意して置きます。つまり，国内金利が低下した場合には，その他の条件が一定で，取引費用などがかからないと仮定すると，資本が国内から海外へ流出し，これは外国為替の需要の増加となって，為替レートが上昇，つまり，円安になります。逆に，国内金利が上昇した場合には，海外から国内に資本が流入するため外国為替が供給され，その結果，為替レートは低下します。つまり，円高になります。

さて，上の $(10-20) \sim (10-27)$ のモデルで為替レート e が 100 円／ドルのときの均衡国内総生産 Y と均衡利子率 r の値はどうなるでしょうか。財市場の均衡から IS 曲線を導出し，貨幣市場の均衡から LM 曲線を導出して，解を求めます。まず，財市場の均衡を表す利子率と国内総生産の組合せを示す曲線である IS 曲線を求めます。$(10-25)$ 式の総需要関数の右辺の各変数にそれぞれの関数と値を代入して

$$E = 10 + 0.6Y + 120 - 4r + 90 + 10 + 0.2e - 10 - 0.1Y + 0.2e$$
$$= 220 - 4r + 0.5Y + 0.4e$$

となります。財市場の均衡条件は総供給が総需要 E と等しくなることです。すなわち，

$$Y = E$$

です。この均衡条件に上式を代入して，

$$0.5Y = 220 - 4r + 0.4e \tag{10-28}$$

となります。これが IS 曲線に他なりません。為替レートが与えられれば，r と Y の式になります。いま，$e = 100$ 円／ドルとしますと，$(10-28)$ 式の IS 曲線は次式のようになります。すなわち，

第10章　外国との関係にも目を向けよう　193

$$0.5Y=260-4r \qquad (10-29)$$

です。

　他方, 貨幣市場の均衡から LM 曲線が導き出されます。貨幣市場の均衡は貨幣
供給量＝貨幣需要量のとき成立するので,（10−26）式と（10−27）式の右辺同
士を等しいと置いて,

$$60=0.1Y+20-4r$$

となります。これを整理して,

$$0.1Y=40+4r \qquad (10-30)$$

となります。これが LM 曲線です。（10−29）式と（10−30）式のそれぞれの辺
を合計すると,

$$0.6Y=300$$

となります。これより,

$$Y=500$$

です。これを（10−30）式に代入して

$$r=2.5$$

と求められます。

　いま, 国内総生産 $Y=500$ 兆円では完全失業率が高いため, 政府が金融政策に
より景気刺激政策を実行するとします。マネーサプライ $M\mathrm{s}$ を60兆円から72兆
円へ増加させたとします。IS 曲線には変化はなくて, LM 曲線が

$$0.1Y=52+4r \qquad (10-31)$$

に変わります。新たな均衡解は（10−29）式と（10−31）式を連立して

$$Y=520$$
$$r=0$$

と求められます。利子率は0％に達します。

　ところで，このように国内金利が低下したとき，資本は国内の低金利を嫌って，海外へ流出するものと考えられます。資本流出が起これば，外国為替市場の需要が増加し，外国為替レートが上昇します。つまり，日本からすると，円安になります。円安になれば，（10−23）式から輸出が増加します。また，（10−24）式から輸入が減少します。その結果，IS曲線が右方にシフトします。いま，円が100円/ドルから130円/ドルへ安くなったとします。すると，IS曲線は次式のようになります。すなわち，

$$0.5Y=272-4r \qquad\qquad (10-32)$$

です。（10−32）式と（10−31）式とを連立して，

$$Y=540$$
$$r=0.5$$

と求められます。

　この状況では，利子率は0.5％に上昇していますが，当初マネーサプライが増加する前の2.5％よりは低くなっています。日本の金融政策は必ずしも外国の金融政策や利子率の状況に完全に依存するというわけではありません（このように一国の金利が他国の金利に従属しているのではなく，自立的に決まる場合，このような国を大国と呼びます）。したがって，この解が均衡であるということもあり得ます。しかし，海外の金利が仮に当初の2.5％のままであるとすると，内外の金利差はまだ2％もあることになります。当初の海外の金利は4.5％であったとすれば，元々の内外金利差は2％で，これがさらに2％増加して4％になったのだとすると，これは資本流出をまだ引き続き引き起こす可能性もあります。出発点が安定的な利子率であったとすれば，利子率の低下は資本流出を引き起こすといえそうです。

極端な仮定で，日本の金利は海外の金利に常に等しく，国内の金利は海外の金利に縛られているものとします。このようなことは日本が小さい国で，海外金利に対して何の影響力も及ぼせない状態で，資本移動が自由である場合に生じることです（このような国を小国と呼びます）。いま，国内金利は海外の金利2.5％と常に等しいとすると，わずかな国内利子率の低下もたちどころに資本流出を引き起こして，外国為替需要の増加によって外国為替レートが十分上昇して，IS曲線がマネーサプライ増加後のLM曲線と利子率が2.5％のところで交わるようにシフトするとします。その場合には，(10-31)式に$r=2.5％$を代入して，$Y=620$兆円と求められます。この組合せの点をIS曲線が通るようにするためには，(10-28)式にこれらの値を代入して，eについて解きます。すると，

$e=250$

と求められます。つまり，どのような利子率が安定的かによって，IS曲線のシフトの幅も外国為替レートの上昇の程度も決まります。いずれにしろ，金融政策は資本移動が自由な変動相場制の下では有効であることが分かります。

これに対して，財政政策の場合には，IS曲線の右方へのシフトが国内利子率を上昇させ，国内総生産を増加させますが，利子率の上昇が海外からの資本の流入を呼び，外国為替供給が増加するため，外国為替レートは低下し，円は高くなり，そのため，輸出は減少し，輸入は増加し，IS曲線は均衡利子率が安定的な水準に達するまで，左方にシフトすることになります。その場合には，財政政策の効果は円高による純輸出の減少によって相殺されるため，あまり，有効ではなくなります。日本が小国の場合には利子率が元の水準に戻るまで，IS曲線がシフトしますので，まったく無効になります。

内外の金利差はなぜ存在するのでしょうか。いま，日本の国内金利が年２％，米国の金利が年５％とします。資本は常に金利の有利な国を探していて，少しでも有利であれば，不利な国への資金を引き揚げて，より有利な国へ投下されます。このような資金の流れを金利裁定と呼びます。その結果，均衡では，国内で１年間投資して得られる元利合計

と海外で1年間投資して，円換算して得られる元利合計とは等しくなります。いま，100万円を国内で運用した場合と米国で運用した場合の元利合計が等しくなるということを式で表現すると次式のようになります。すなわち，

$$100 \times (1+0.02) = \frac{100}{S} \times (1+0.05) \times F$$

です。S は現在の外国為替レート（円/ドル）で，F は1年後の先物外国為替レート（円/ドル）です。上の式の左辺は100万円を日本国内で年利2％で運用したときの元利合計です。右辺は100万円をまず，直物外国為替レート S 円/ドルでドルに換算し，それを米国で年利5％で運用して得られる元利合計100/S×(1+0.05) を1年後の先物外国為替レート F で日本円に換算する契約を現在時点で結んだときの円での元利合計です。このような裁定行動の結果，先物外国為替レートの値が決まります。いま，直物外国為替レート S が100円/ドルだとすると，上式から F=1.02/1.05＝97.14円/ドルと求められます。

上のような日米の金利差は先物外国為替レートが直物外国為替レートに比べて円高であることを意味しています。

アドバンス

2国モデルの乗数

2国モデルの乗数を一般的な形で求めることができます。A国とB国のモデルを以下のように一般的な形で定式化します。すなわち，

A国モデル		B国モデル	
$C=A+bY$	(10-1)'	$C^*=A^*+b^*Y^*$	(10-7)'
$I=I$	(10-2)'	$I^*=I^*$	(10-8)'
$G=G$	(10-3)'	$G^*=G^*$	(10-9)'
$X=M_0^*+m^*Y^*$	(10-4)'	$X^*=M_0+mY$	(10-10)'
$M=M_0+mY$	(10-5)'	$M^*=M_0^*+m^*Y^*$	(10-11)'
$E=C+I+G+(X-M)$	(10-6)'	$E^*=C^*+I^*+G^*+(X^*-M^*)$	(10-12)'

ただし，A国については各乗数は以下の通り定義されます。すなわち，A：独立消費，C：消費，b：限界消費性向，Y：国内総生産，I：投資（一定），G：政府支出（一定），X：輸出，M：輸入，M_0：輸入関数の定数，m：限界輸入性向，E：総需要，です。B国の*のついた記号も同様に定義されます。

A国の財市場の均衡条件，$Y=E$ に上の式をそれぞれ代入して Y について解くと，

$$Y = \frac{E_{i0}}{1-b+m} + \frac{m^*Y^*}{1-b+m} \tag{10-15'}$$

第10章　外国との関係にも目を向けよう　**197**

となります。ただし，$E_{i0}=A+I+G+M_0{}^*-M_0$ です。同様に，B国についても Y^* について解くと，

$$Y^*=\frac{E_{i0}{}^*}{1-b^*+m^*}+\frac{mY}{1-b^*+m^*} \tag{10-16}'$$

となります。ただし，$E_{i0}{}^*=A^*+I^*+G^*+M_0-M_0{}^*$です。この2つの式を連立して解くと，$Y$ と Y^* が次のように求められます。すなわち，

$$Y=\frac{(1-b^*+m^*)E_{i0}+m^*E_{i0}{}^*}{(1-b+m)(1-b^*+m^*)-mm^*}$$

$$Y^*=\frac{(1-b+m)E_{i0}{}^*+mE_{i0}}{(1-b+m)(1-b^*+m^*)-mm^*}$$

です。いま，A国の政府支出が1単位増加したときの Y の増加分を表す乗数は上の Y の式の右辺の E_{i0} の係数になります。つまり，

$$\frac{\Delta Y}{\Delta E_{i0}}=\frac{1-b^*+m^*}{(1-b+m)(1-b^*+m^*)-mm^*} \tag{10-18}'$$

です。ただし，ΔY は Y の変化分，ΔE_{i0} は独立支出 E_{i0} の変化分です。乗数は両者の比率になります。上式に $b=0.6$，$b^*=0.8$，$m=0.1$，$m^*=0.2$ を代入すると，(10-18) で求めた乗数の値20/9が求められます。b や b^* の値などが変わったときにも，乗数の値を直ちに求めることができます。上の2番目の式の E_{i0} の係数が Y^* への乗数を表しています。すなわち，

$$\frac{\Delta Y^*}{\Delta E_{i0}}=\frac{m}{(1-b+m)(1-b^*+m^*)-mm^*} \tag{10-19}'$$

です。上のそれぞれのパラメータの値を代入すると，(10-19) で求めた乗数の値5/9が求められます。

　上の一般的な解からA国の政府支出を含む独立支出の乗数の値はA国の限界消費性向が上昇すれば増加し，B国の限界消費性向が上昇すればやはり増加し，A国の限界輸入性向が上昇すれば減少し，B国の限界輸入性向が上昇すれば上昇することが分かります。

練習問題　両国の限界消費性向がそれぞれ $b=0.7$，$b^*=0.9$ に上昇したとき，A国の政府支出乗数はいくらになるでしょうか。ただし，$m=0.1$，$m^*=0.2$ のままです。

解　$\dfrac{\Delta Y}{\Delta E_{i0}}=\dfrac{1-0.9+0.2}{(1-0.7+0.1)(1-0.9+0.2)-0.1\times0.2}=3$

本章のまとめ

1. **2国モデル**では，輸入は自国の国内総生産に依存し，輸出は他国の国内総生産に依存します。両国の財市場均衡は相互に依存し，両国の均衡国内総生産は同時に決定されます。自国の財政政策の乗数効果は総需要の一部が他国へ漏出するため，閉鎖的な1国モデルの場合よりも小さくなります。

2. 対ドル円建ての為替レートが上昇すると，ドルに対して円安となり，輸出は増加し，輸入は減少して，純輸出は増加します。

3. 国内金利の上昇は海外から国内への資本の流入を引き起こし，逆に，国内金利の低下は国内から海外への資本の流出を引き起こします。

4. 一国の金利が海外の金利によって決められる**小国**の場合，変動相場制の下では金融政策は有効で，財政政策は無効です。一国の金利が自立的に決まる**大国**の場合には，内外金利差は残存し，変動相場制の下で，金融政策変は有効ですが，財政政策も有効でありえます。

《練習問題》

《概念の理解・定着問題》

問1　テキスト本文で紹介された自国と外国の2国モデルで考える。自国で政府支出が増加した場合，これによって増加する項目を以下の選択肢の中からすべて選べ。

　　　　①自国の国内総生産　　　②外国の国内総生産　　　③自国の投資
　　　　④外国の投資　　　　　　⑤自国の輸出　　　　　　⑥外国の輸出
　　　　⑦自国の輸入　　　　　　⑧外国の輸入

問2　5ドルが500円と交換されているとする。対ドル円建てレートを求めよ。

問3　外国為替市場で，円売りドル買い注文が円買いドル売り注文より多くなると為替レートはどのようになるか。

問4　外国為替市場で，円買いドル売り注文が円売りドル買い注文より多くなると為替レートはどのようになるか。

問5　1ドル＝120円とする。ここから，20円の円高ドル安になったということは，為替レートは1ドル何円か。

問6　日本のユーロ圏への輸出について考える。
　1）為替レートが円高ユーロ安になったとする。この時，円建て価格が固定されて

いる場合，ユーロ建て輸出価格はどのようになるか。以下の選択肢の中から１つ選べ。

　　①低下する　　②上昇する　　③一定である

　２）上記１）において，輸出数量はどのようになるか。以下の選択肢の中から１つ選べ。

　　①減少する　　②増加する　　③一定である

問7　日本のユーロ圏からの輸入について考える。

　１）為替レートが円高ユーロ安になったとする。この時，ユーロ建て価格が固定されている場合，円建て輸入価格はどのようになるか。以下の選択肢の中から１つ選べ。

　　①低下する　　②上昇する　　③一定である

　２）上記１）において，輸入数量はどのようになるか。以下の選択肢の中から１つ選べ。

　　①減少する　　②増加する　　③一定である

《スキル形成問題》

問1　開放経済における財・サービス市場について，以下のモデルが与えられている。

　消費関数：$C=10+0.8（Y-T）$
　租税：$T=20$
　民間投資：$I=10$
　政府支出：$G=30$
　輸出：$X=6$
　輸入関数：$M=0.1Y+10$

　１）均衡 GDP の値を求めよ。
　２）上記１）の純輸出（$X-M$）の値を求めよ。
　３）輸出が18になったとする。この時の均衡 GDP の値を求めよ。
　４）上記４）の純輸出（$X-M$）の値を求めよ。
　５）純輸出（$X-M$）が増加するとき，IS 曲線はどのように変化するか。

問2　いま，一国の経済が次のモデルで表現されている。以下の設問に答えなさい。

　$E=C+I+G+（X-M）$
　$C=12+0.6Y$
　$I=100-4r$
　$G=70$
　$X=30$

$$M = 0.1Y$$
$$Ms = 40$$
$$L = 0.1Y - 4r$$

ただし，E：総需要，C：消費，I：投資，G：政府支出，X：輸出，M：輸入，Ms：貨幣供給量，L：貨幣需要量，r：利子率（％），（単位：利子率以外は兆円）です。

1）IS 曲線を求めなさい。

2）LM 曲線を求めなさい。

3）均衡における国内総生産と利子率を求めなさい。

4）政府支出を10増加させたとき，純輸出はいくらになるか，求めなさい。また，そのとき国内総生産はどれだけ変化しますか。

問3　自国（＝日本）と外国（＝アメリカ1国）の間で資本移動が自由に行われている世界を想定する。自国金融資産の年利子率がゼロ％。外国金融資産の年利子率が5％（＝0.05）とする。現在の為替レートが，1ドル＝105円であるとすれば，「1年後の為替レートは，いくらになると，人々は予想している」ことになるのか。ただし，自国資産運用と外国資産運用との間にリスクの相違はないものとする。

《未経験な複雑な問題への挑戦》

問1　急激な円高・ドル安が発生したとする。日本の円建て輸入金額はどのように変化するか。以下の選択肢の中から1つ選べ。

①短期的にも長期的にも低下する。

②短期的にも長期的にも上昇する。

③短期的には低下するが長期的には上昇する。

④短期的には上昇するが長期的には低下する。

問2　変動相場制を採用している小国において，マンデル＝フレミング・モデルは，以下のように表現できる。

（財市場均衡式）	$Y = c_0 + bY + I(r) + G + NX(e),$	(1)
（貨幣市場均衡式）	$Ms = L(Y, r),$	(2)
	$r = r^*.$	(3)

ただし，$c_0 > 0$，$0 < b < 1$，

Y＝GDP，I＝投資，G＝政府支出，NX＝輸出－輸入，

e＝為替レート（1ドル＝e円），Ms＝貨幣供給量，L＝貨幣需要量，

r＝自国利子率，r^*＝世界利子率（一定），

なお，$I(r)$ の I と r の関係は負，$NX(e)$ の NX と e の関係は正，そして，$L(Y, r)$ の L と Y の関係は正で，L と r の関係は負であるとする。

第10章　外国との関係にも目を向けよう　201

1）縦軸にe，横軸にYをとった図Aに，財市場均衡曲線を①として示せ。（ヒント：r^*が一定なので，$r=r^*$より，rは常に一定。）

2）図Aに，貨幣市場均衡曲線を，②として示せ。ヒント：⑵式でYが決定されるので，eの増減に対してYは変化しない。

3）曲線①と②を使って，図Bに，拡大的金融政策の効果を示せ。ただし，初期均衡点をE_Aとし，新しい均衡点をE_Bとして，示すこと。

4）曲線①と②を使って，図Cに，拡大的財政政策の効果を示せ。ただし，初期均衡点をE_Aとし，新しい均衡点をE_Cとして，示すこと。

練習問題解答

イントロダクション

問1 (1)B (2)A (3)C (4)E (5)F (6)D

問2 (1)F (2)F (3)S (4)F (5)S

問3 (略)

第1章

問1 (1) J (2) L (3) G (4) N (5) M (6) C (7) E
(8) A (9) H (10) D (11) B (12) I

問2 $500＝C＋70＋80＋10$，を解いて， 答 340

問3 $500＝400＋I＋G＋10$
$G－T＝10$
$500＝400＋50＋T$
の3本の式を解くと，$T＝50$，$G＝60$，$I＝30$が求められる。 答 30

問4 $300＝200＋30＋G＋10$，および
$300＝200＋50＋T$
の2本の式から，$T＝50$，$G＝60$，が求められる。よって， 答 10兆円の赤字

第3章

《概念の理解・定着問題》
問1 ③

問2 ①②③

問3 ②

問4 ①

204

問5　②

問6　③

問7　③

《スキル形成問題》

問1　消費支出は，食料費，住居および光熱費，保険医療費，交通通信費，その他消費支出の合計なので243000円。可処分所得＝消費支出＋貯蓄なので，243000＋25000＝268000（円）。平均消費性向は，243000÷268000＝約0.9，エンゲル係数は70000÷243000＝約28.8％。

問2　1）税引き後　　2）b　　3）C_0

問3　1）$(140-80)/(200-100)＝0.6$
　　　2）$80＝基礎消費＋0.6×100，基礎消費＝20$
　　　3）$消費＝20＋0.6×300＝200$

《未経験な複雑な問題への挑戦》

問1　1）$10＝4＋限界消費性向×(15-3)，$
　　　　　限界消費性向$＝6/12＝0.5$
　　　2）$消費＝4＋0.5×(21-3)＝13$（万円）
　　　3）$消費＝4＋0.5×(15-1)＝11$（万円）

問2　ケインズ型消費関数は，
　　　$C＝C_0＋bY_d,（C_0>0,　0<b<1）$
　　　と示すことができる。ただし，C：消費，Y_d：可処分所得
　　　平均消費性向＝C/Y_d，なので，上記のケインズ型消費関数の両辺をY_dで割ると，
　　　$C/Y_d＝(C_0/Y_d)＋b,$
　　　となる。ここで，Y_dが増加すると，C_0一定により，右辺第1項の(C_0/Y_d)は低下。bは一定。したがって，C/Y_dは低下する。

問3　現在保有している資産，将来の可処分所得，恒常所得，近隣他者の消費，習慣化した消費。
　　　（解説）　消費の理論で現在の消費は生涯所得で決まるとするのがライフサイクル仮説。この場合，「現在保有している資産」，及び，「将来の可処分所得」が決定要因となる。似たような考え方に恒常所得仮説がある。可処分所得を恒常的なものと一時的なものに分割し，「恒常所得」から消費が多く行われ，一時的な

所得からは貯蓄が多く行われるという考えである。さらに，デューゼンベリーが唱えた相対所得仮説がある。これは，「近隣他者の消費」と同程度の消費をしたがるデモンストレーション効果と，自己の「習慣化した消費」を変えることは困難であるという習慣形成効果の2つから成っている。

問4 1）(2)式を(1)式に代入し，
$$C=0.9\times(0.6Y+0.2Y_{-1}+0.15Y_{-2}+0.05Y_{-3})$$
したがって，
$$C=0.54Y+0.9\times(0.2Y_{-1}+0.15Y_{-2}+0.05Y_{-3})$$
限界消費性向$=\Delta C/\Delta Y=0.54$

2）$Y^P=100$，より，$C=90$。したがって，$C/Y=90/100=0.9$

3）$Y^P=0.6\times200+0.2\times100+0.15\times100+0.05\times100=120+40=160$
したがって，$C=0.9\times160=144$。平均消費性向$=C/Y=144/200=0.77$

（解説）　Yの増分100のうち，恒常所得の増加と認識されたのが60，残り40は一時所得となり，あらたに消費に支出されたのは24（$=0.9\times60$）であった。したがって，現在所得Yの伸び率100％に対し消費Cの伸び率が24％であり，結果，平均消費性向（C/Y）の値が低下した。

4）平均消費性向は高くなっていく。$Y=200$となった4回目以降は，平均消費性向は0.9で一定となる。

（解説）　$Y=200$となる2回目では，
$$Y^P=0.6\times200+0.2\times200+0.15\times100+0.05\times100=120+60=180$$
したがって，$C=0.9\times180=162$。$C/Y=162/200=0.81$
$Y=200$となる3回目では，
$$Y^P=0.6\times200+0.2\times200+0.15\times200+0.05\times100=120+75=195$$
したがって，$C=0.9\times195=175.5$。$C/Y=175.5/200=0.8775$
$Y=200$となる4回目以降では，
$$Y^P=0.6\times200+0.2\times200+0.15\times200+0.05\times200=120+80=200$$
したがって，$C=0.9\times200=180$。$C/Y=180/200=0.9$
つまり，$Y=100$から200への増加が恒常所得の増加であると認識されるまで，このモデルでは，4期かかる。それまでは，増分100のうち一部が一時所得として認識され次第にその比重が低下する。

問5　$(T-t)\times C=(n-t)\times Y^e+(W/P)$，したがって，
$$C=\{(W/P)/(T-t)\}+\{(n-t)/(T-t)\}Y^e$$

問6　1）今後得られるであろう所得の合計は$(65-25)Y=40Y$（万円）。生涯所得は現在保有している遺産を含めて$300+40Y$（万円）である。2）A氏が予想する生存年数は$75-25=50$（年）。生涯所得を50年間均等に消費するので，消費

関数は $C=(300+40Y)\div50=6+0.8Y$。限界消費性向は0.8。 3）$Y=500$とすると，消費は $C=6+0.8\times500=406$（万円）。 4）減税が一年限りの場合，可処分所得は1年だけ600万円となり，残りの39年は500万円にもどる。生涯所得は遺産を含めて $300+600+39\times500=20400$（万円），消費は $20400\div50=408$（万円）。減税が40年間続く場合，生涯所得は遺産を含めて $300+40\times600=24300$（万円），消費は $24300\div50=486$（万円）。したがって，消費の違いは78万円。 5）今後得られるであろう所得の合計が $(55-25)Y=30Y$（万円）にかわった。したがって，消費関数は $C=(300+30Y)\div50=6+0.6Y$。限界消費性向は0.6。

第4章

《概念の理解・定着問題》

問1 (1)内生　　(2)外生　　(3)均衡　　(4)完全雇用　　(5)完全雇用　　(6)大き
(7)デフレ

問2 (1)総需要　　(2)総供給　　(3)予想　　(4)（分配）所得　　(5)三面等価

問3 内生変数は C と Y，外生変数は I と G

《スキル形成問題》

問1 1）国内総生産の三面等価性のため。

2）通常，総需要は家計，企業，政府，海外部門の4経済主体の支出合計だが，この問いの経済には家計と企業しか存在しない。つまり総需要は消費支出と投資支出の合計なので $E=C+I=(500+0.8Y)+100$。これを整理すれば $E=1500+0.8Y$ になる。

3）7500

4）総需要と総供給はともに7500

5）総供給は8000，総需要は7900。総供給に対して総需要が少ない状態なのでデフレギャップ状態にある。

問2 (1) $1/(1-0.8)$ を計算して，　答　5

(2) $Y=C+I+G+NX$，に代入して計算すると，　答，550

(3) 貯蓄$=Y-C$だから，これを計算すると　　答，90

(4) 均衡国内総生産を50増加させる必要があり，乗数値が5であることを併せて考えると，　　答　10

問3 1）国内総生産の三面等価性のため。

2）$E=(A+I+G)+bY$

3）$Y=(A+I+G)+bY$ を Y について解けば $Y=(A+I+G)/(1-b)$ になり，これが均衡国内総生産である。

4）$Y=(A+I+G+1)+bY$ を Y について解けば，新たな均衡国内総生産は $Y=(A+I+G+1)/(1-b)$ になる。

5）4）と3）で求めた均衡国内総生産の差は$1/(1-b)$。これが政府支出1単位増に伴う均衡国内総生産の増分である。

問4 横軸のラベルは Y，縦軸のラベルは Y^S と E の2つ。この座標平面に2本の直線を描く。総供給を表す線は傾きが1の線（これが角度が45度の線）。総需要を表す線は縦軸との切片が1500，傾きが0.8。なおこの2本の交点の座標は（7500, 7500）になる。

問5 ③1500

まず消費関数は $C=500+0.6(Y-T)=500+0.6(Y-1000)=-100+0.6Y$。したがって総需要は $E=C+I+G+NX=-100+0.6Y+I+600+0=500+0.6Y+I$。一方，総供給は $Y^S=Y$ だが，この問いでは均衡国内総生産の値5000が与えられている。つまり，均衡状態では所得＝生産＝需要＝5000になる。総需要の式の右辺の Y に5000を代入すると $500+0.6\times500+I$。均衡では総供給＝総需要＝5000なので，$500+0.6\times500+I$ が5000に等しくなるまで投資が必要になる。したがって $I=1500$。

《未経験な複雑な問題への挑戦》

問1 (1) 政府支出20の増加によって，国内総生産を80増加させることができたわけだから，答　4

(2) 乗数値が4であることから，$1/(1-b)=4$，を解いて，　　答，0.75

(3) $400=10+0.75\cdot400+I+60$，を解いて，　　答　30

問2 ①25％

最初に必要な税収を求める。問いから，政府支出 G は50だが，国債償還費 B が20なので，必要な税収 T は70。次に需給一致の条件から $Y=0.9(Y-T)+I+G=0.9Y-0.9\times70+41+50$。これを Y について解けば均衡国内総生産 $Y=280$ を得る。最後に税収と税率，均衡国内総生産との関係から $t=T/Y=70/280=0.25$ なので条件を満たす税率は25％になる。

第5章

《概念の理解・定着問題》

問1 1）② 2）① 3）③ 4）④

問2 (1)① (2)① (3)① (4)⑥ (5)⑨ (6)⑦ (7)⑧

問3 1）政府支出の増加分に対する，それによってもたらされた国内総支出の増加分の比率

2）所得に税金がかかる場合には，その分だけ家計の可処分所得が減少するので，所得に対する限界消費性向はその分だけ低下するため，政府支出乗数は小さくなる。

3）輸入が所得に依存する場合，所得の一部は海外に漏出するため，国内に留まる所得はその分減少し，総需要への波及もその分減少し，限界消費性向の値にかかわらず，常に乗数は減少する。

4）均衡財政乗数は政府支出の増加分を同額の税金によって賄う場合の乗数で，1である。

《スキル形成問題》

問1 第1式を第2式に代入して $E=C_0+0.8Y+I+G$。次に $Y=E$ に代入して $Y=C_0+0.8Y+I+G$。これを Y について整理すれば $(1-0.8)Y=C_0+I+G$ なので $Y=(C_0+I+G)/0.2$。よって G の追加的増加に対する国内総生産の増加分は $\varDelta Y=\varDelta G/0.2$ になる。ここで $\varDelta G=5$ なので $\varDelta Y=5/0.2=25$。　　答　25兆円

問2 消費関数 $C=C_0+0.75(Y-T)$ と租税関数 $T=0.2Y$ を総需要 $E=C+I+G$ に代入して $E=C_0+0.75(Y-0.2Y)+I+G$。これを $Y=E$ に代入して $Y=C_0+0.75\cdot0.8Y+I+G$。Y について整理すると $(1-0.75\cdot0.8)Y=C_0+I+G$ なので $Y=C_0+I+G/(1-0.75\cdot0.8)$。$\varDelta G=1$ のとき $\varDelta Y=1/(1-0.75\cdot0.8)=1/0.4=2.5$。　　答　2.5

問3 （式）　$Y=10+0.8Y-0.8T+I+G$ より

$Y=(10-0.8T+I+G)/(1-0.8)$

$\varDelta G=\varDelta T$ なので

$\varDelta Y=\varDelta G(1-0.8)/(1-0.8)=\varDelta G$　　答　10兆円

問4 （解）　1）第2式に右辺のそれぞれの式と値を代入して

$Y=20+0.6Y+50+80+10-0.1Y$

これを Y について解くと，

$Y=160/0.5=320$　　答　320

練習問題解答 209

2) I が10増加したときの国内総生産の増加は乗数が $1/0.5＝2$ なので，20である。　　答　20

問5　（解）　1）均衡条件は総需要が総供給と等しいことなので，次式が成り立つ。
$Y＝10＋0.8(Y－10－0.2Y)＋98＋120＋20－10－0.1Y＝230＋0.54Y$
$＝230/0.46＝500$　　　　答　500

2）乗数は $1/0.46$ なので，投資が20増加したときの国内総生産の増加分は $20/0.46＝43.48$。国内総生産は543.48へ増加する。　　　　答　43.48

3）当初の純輸出は $20－60＝－40$。投資が20増加した後の国内総生産は543.48なので，輸入は64.348に増加する。その結果，純輸出は $20－64.348＝－44.348$ へ赤字幅が4.348増加する。　　　答　赤字幅が4.348増加する。

問6　乗数の値は $1/(1－b)$ なので，限界消費性向 b が0.6の時には，$1/(1－0.6)＝1/0.4＝2.5$ だが，$b＝0.8$ に上昇したときには，乗数は $1/(1－0.8)＝1/0.2＝5$ となるため。

問7　所得税率があるときの乗数は $1/(1－b(1－t))$ で，税率 t が10％から20％に上昇したときには，$1/(1－0.9b)$ から $1/(1－0.8b)$ へ低下する。つまり，所得にかかる税引き後の限界消費性向が $0.9b$ から $0.8b$ に低下するため，波及過程の級数の値は減少し，乗数の値は減少する。

問8　輸入がある場合の乗数は $1/(1－b＋m)$ で，輸入性向が10％から20％に上昇すると，乗数は $1/(1－b＋0.1)$ から $1/(1－b＋0.2)$ に低下する。$b＝0.8$ の時には，$1/0.3＝3.3$ から $1/0.4＝2.5$ へ低下する。

問9　限界消費性向は0.75なので，乗数は 4 で，30兆円の政府支出の増加の結果，国内総生産の増加分は120兆円になる。他方，増税を10兆円行った時の国内総生産の減少分は増税の乗数が $－0.75/0.25＝－3$ なので，30兆円になる。その結果，ネットの効果は $120－30＝90$ 兆円になる。均衡財政の場合には，増税額は30兆円，乗数は 1 なので，国内総生産の増加分は30兆円である。従って，増税を10兆円に限定した場合の方が国内総生産の増加分は60兆円多くなる。

《未経験な複雑な問題への挑戦》

問1　1）公立高校と公立大学の授業料の値上げにより家計の支出額は増加するが，これは税率が上がって，他の消費に使える割合が減るのと同様の効果（いわば可処分所得の減少）をもつので，税率を考慮に入れた限界消費性向が低下するのと同様な効果をもち，政府支出乗数は減少する。

2）外国人旅行客の消費は輸出の増加で，国内総需要に対しては刺激効果をもつが，国内の家計の限界消費性向は変わらないので，政府支出乗数にも変化

はない。

3）消費税率の 0 ％から10％への引き上げなので，可処分所得はその分減少し，消費税率を考慮に入れた限界消費性向（消費 C を所得 Y の関数として書いた場合の所得の係数）は低下する。したがって，政府支出乗数は減少する。今，消費税率を τ とし，税はすべて消費税によるとすると，家計の可処分所得は $Y-\tau C$ になる。消費関数は $C=c_0+b(Y-\tau C)$ とかける。これを C について解くと，$C=c_0/(1+b\tau)+(b/(1+b\tau))\times Y$ となる。$(b/(1+b\tau))$ は消費税を考慮に入れた場合の限界消費性向である。Y の係数の分母の値は 1 より大きいので，$b/(1+b\tau)$ は消費税がない場合の係数 b よりも小さくなる。消費以外の独立支出を A とすると，この場合のマクロ需給均衡式は $Y=C+A$ で，C に上の式を代入すると，$Y=c_0/(1+b\tau)+(b/(1+b\tau))\times Y+A$ となる。Y について解くと，$Y=(1/(1-b/(1+b\tau)))\times(c_0/(1+b\tau)+A)$ となる。政府支出は A の一部なので，政府支出乗数は $1/(1-b/(1+b\tau))$ となり，消費税がない場合の乗数 $1/(1-b)$ よりも小さくなる。$b=0.8$，$\tau=0.1$ のとき政府支出乗数は 5 から3.857へ低下する。

4）所得の再分配が限界消費性向が小さい高所得者から限界消費性向の大きい低所得者へ行われるので，全体としての限界消費性向は高まり，政府支出乗数は増加する。

問2　1）$Y=10+0.75(Y-0.2Y)+60+80+10$ より $Y^*=400$

2）$T=0.2\times400=80$　$G-T=80-80=0$ なので，財政収支は均衡

3）1）の右辺に $\Delta G=10$ を加えて，Y について解くと，$Y=425$，$\Delta Y=25$
政府支出乗数は $\Delta Y/\Delta G=25/10=2.5$

4）そのときの $T=0.2\times425=85$
財政収支は $85-90=-5$，　5 の赤字。
政府支出の増加分10は税収の増加分 5 で賄われないので，均衡財政支出乗数とはいえない。

第6章

《概念の理解・定着問題》
問1　③

問2　1）②　200万円
　　　2）①　0 円

問3　②

練習問題解答　211

問4　(1)IS　(2)下　(3)IS　(4)需要

《スキル形成問題》
問1　1）予想収益率は（予想売上高−設備の価格）÷設備の価格で計算する。

設備	A	B	C	D	E
設備の価格（万円）	20	40	60	80	100
予想売上高（万円）	22	45	63	82	106
予想収益率（％）	2/20 10%	5/40 12.5%	3/60 5％	2/80 2.5%	6/100 6％

　　2）予想収益率が一番高いのが設備Bで12.5％，一番低いのが設備Dで2.5％。
　　　　予想収益率の高い順に B，A，E，C，D の順。
　　3）予想収益率が利子率の6.5％よりも高い設備だけを購入すべきである。設備
　　　　Aと設備Bだけがこの条件を満たす。したがって投資額は60

問2　1）海外部門がないので閉鎖経済
　　2）代入して整理すると $r=5.5-0.01Y$ になる。

《未経験な複雑な問題への挑戦》
問1　1）加速度原理によれば，予想売上高の増加は投資支出の拡大をもたらす。こ
　　　　の場合，利子率が不変であっても投資支出が増加するため，グラフ上では投
　　　　資関数が上方へシフトすることになる。
　　2）もし生産財価格との相対要素価格が不変の状態で，資本財関連の技術進歩
　　　　によって資本財の限界生産力が上昇するならば，企業は限界生産性が限界費
　　　　用に一致する水準まで資本を蓄積する。よって投資支出の増加が見込まれ，
　　　　グラフ上では投資関数が上方へシフトすることになる。なお，高度経済成長
　　　　期の旺盛な投資は，この例である。
　　3）政策金利の引き下げは実質利子率 r の低下を伴う（本章では政策金利とそ
　　　　の他の利子率との区別をせずに，これらを全てまとめて実質利子率と呼んで
　　　　いる）。よって，グラフ上では投資関数の位置は変わらないまま，均衡点が線
　　　　上を左上から右下方向へ移動する。金融緩和によって利子率が低下するた
　　　　め，採算のあう投資案件が増え，一国全体でみても投資支出が増大すること
　　　　になる。

問2　①100/(1+r)万円　　②右方（あるいは上方）　　③　増大（あるいは拡大）
　　④少なく　　⑤多く　　⑥市場価値　　⑦更新価格　　⑧大きい
　　⑨小さい　　⑩財　　⑪利子率　　⑫利子率

⑬実質国内総生産（あるいは実質 GDP）　　⑭右下がり

問3　1) 代入して整理すると $r=(A+G+I_0)/\beta-(1-b)/\beta \times Y$ を得る。
　　2) 縦軸との交点が $(A+G+I_0)/\beta$ で，傾きが $-(1-b)/\beta$ の右下がりの直線になる。横軸との交点は $(A+G+I_0)/(1-b)$。
　　3) 上方向へ $1/\beta$ 単位だけ平行移動する。
　　4) I_0 の値は以前よりも大きくなる。その結果，IS 曲線は上方向へ平行移動する。

第7章

《概念の理解・定着問題》

問1　1) ①　　2) ③　　3) ②　　4) ①

問2　1) ①　　2) ③　　3) ④

問3　1) 下方シフト　　2) 下方シフト　　3) 上方シフト

《スキル形成問題》

問1　$L_1=0.2Y$

問2

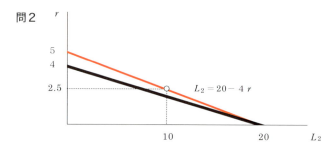

問3　$L=0.2Y+20-5r$

問4　$r=0.04Y-10$

問5　1) 1000　　2) $L=0.5Y+1200-100r$　　3) $1000=0.5Y+1200-100r$
　　4) $r=2+\dfrac{Y}{200}$

5)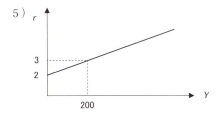

《未経験な複雑な問題への挑戦》

問1　1）$r = -\dfrac{200}{v} + \dfrac{0.5}{v}Y$　　2）$v=200$の時，$r=-1+\dfrac{1}{400}Y$。$v=100$の時，$r=-2+\dfrac{1}{200}Y$。$v=50$の時、$r=-4+\dfrac{1}{100}Y$。

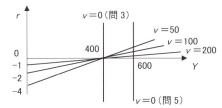

3）$Y=400$。

4）投機的貨幣需要が存在せず，貨幣需要が利子率に依存しない時（$v=0$），LM曲線は垂直になっている。このことから，投機的貨幣需要の存在（利子率に応じて貨幣需要を変化させること）が，右上がりのLM曲線にとって需要な仮定であることが分かる。

5）LM曲線は$Y=600$。LM曲線は右シフトする。

第8章

《概念の理解・定着問題》

問1　1）①　　2）②　　3）①③

問2　1）①　　2）②　　3）④　　4）③

問3　(1)②　(2)①　(3)③　(4)③　(5)⑥　(6)⑤　(7)⑦　(8)⑧　(9)⑧　(10)⑧

《スキル形成問題》

問1　1）IS：$Y=18+0.6(Y-10)+90-4r+100+10$ より
　　　$0.4Y=212-4r$
　　　$r=53-0.1Y$　…　1）の解

　　2）LM：$38=0.1Y-4r$　より

$r = 0.025Y - 9.5$ … 2）の解

3) IS を LM に代入して，
$53 - 0.1Y = 0.025Y - 9.5$
$0.125Y = 62.5$
$Y = 500$兆円
$r = 3\%$ ⎫ … 3）の解

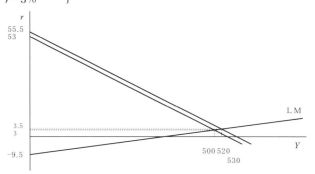

問2 1) $Y = 520$兆円，　$r = 3.5\%$
2) 乗数 $= (520 - 500)/10 = 2$
3) $(550 - 500)/2 = 25$兆円　　$r = 4.25\%$

問3 1) Ms を48に増加したときの国内総生産は520兆円，利子率は1％
2) Ms を38から10増加させたとき，利子率は3％から1％へ2％低下したので，利子率を引き下げられる余地はあと1％分である。IS と LM はいずれも直線なので，Ms の増加と利子率の低下の関係は比例的である。したがって，Ms を増加できるのは，あと5兆円である。
$10 : 2 = x : 1$ より　$x = 5$，　　$Ms = 53$
　国内総生産についても同様のことがいえるので，Ms をさらに5兆円増加させたときの国内総生産の増加分は10兆円である。$Ms = 53$ のときの国内総生産は530兆円になる。$10 : 20 = 15 : y$ より　$Y = 30$（国内総生産の増加分は30兆円）

問4 1)，2) $r = 6 - \dfrac{Y}{100}$　　3）下図 IS₁　　4），5) $r = -2 + \dfrac{Y}{100}$
6) 下図LM。　　7) $r = 2$, $Y = 400$　　8) $r = 8 - \dfrac{Y}{100}$。下図 IS₂
9) $r = 3$, $Y = 500$　　10) 利子率は1上昇し，国内総生産は100上昇する。

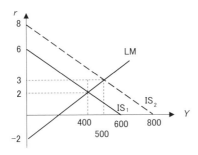

《未経験な複雑な問題への挑戦》

問1 1) $Y=600-100r$　2) $r=6-\dfrac{Y}{100}$　3) 下図 IS$_1$　4), 5) $r=-2+\dfrac{Y}{100}$

6) 下図 LM　7) $r=2$, $Y=400$　8) $r=7-\dfrac{Y}{100}$。下図 IS$_2$。

9) $r=2.5$, $Y=450$。

10) 政府支出の100の増加に対して、利子率は0.5上昇し国内総生産は59しか増加していない。ケインズ型消費関数と比べ、政府支出が国内総生産を拡大させる程度は減少した。

11) IS-LM モデルにおいて、ケインズ型消費関数の仮定は、有効需要の1単位の増加が1単位の所得を増加させ、それにより消費が拡大することでさらなる有効需要の増加が生じ、結果的に1単位以上の国内総生産が拡大するという乗数効果をもたらす。ケインズ型消費関数を仮定せず、乗数効果がない場合、有効需要の増加による IS 曲線のシフトに対して、LM 曲線に沿って利子率が増加し投資をクラウディングアウトさせる効果の方が強く効く。そのため、政府支出の拡大が国内総生産を拡大させる効果が限定的となる。

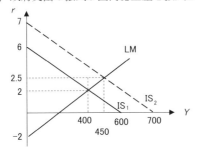

第９章

《概念の理解・定着問題》

問1 (1)② (2)① (3)③ (4)② (5)⑥ (6)⑤ (7)⑦ (8)⑨ (9)⑨
(10)⑧

問2 1）, 2）(1)② (2)③ (3)⑨ (4)⑤ (5)⑥ (6)⑦ (7)⑧
3）, 4）(1)⑧ (2)① (3)① (4)④ (5)③ (6)② (7)① (8)⑥
(9)⑦

《スキル形成問題》

問1 1）投資の利子弾力性が増加すると，一定の利子率の低下に対して投資の増加幅が増加するので，IS曲線の傾きはより水平になる。
2）投資が利子の変化に対する反応が弱くなった場合には，一定の利子率の変化に対して投資の変動幅は減少するので，IS曲線の傾きはより急になる。
3）今後の世界経済の景気が停滞することが見込まれると，利子率が一定でも投資額は減少するので，IS曲腺は左方にシフトする。

問2 1）中央銀行によるマネーストック供給が増加すると，LM曲線は右方にシフトする。
2）投機的動機貨幣需要の利子弾力性が低下したときには，一定の利子率の上昇によって減少する投機的動機貨幣需要量は減少するので，取引動機に充用される貨幣量も減少し，国内総生産の増加量も減少する。したがって，LM曲線の傾きはより急に（大きく）なる。

問3 1）IS曲線とLM曲線の交点座標は財市場と貨幣市場を同時に均衡させる利子率と国内総生産のみ合わせを示す。
2）世界経済の景気が好転する見通しがでたため，日本企業が国内投資を拡大させると，IS曲線は右方にシフトするので，LM曲線との交点(マクロ均衡点)は右上方に移動し，利子率は上昇し，国内総生産は増加する。

問4 財政政策のクラウディング・アウト効果とは，財政政策により政府支出が増加するとIS曲線が右方にシフトし，そのため，利子率が上昇し，国内総生産も増加する。このとき，利子率の上昇によって，民間の投資が減少する。このことをクラウディング・アウト効果という。短期金利が中央銀行の政策によりマイナス水準に維持されるとき，クラウディング・アウトは生じない。というのも，中央銀行の政策により，マイナス金利が維持されるため，利子率は上昇せず，クラウディング・アウトされる投資もないためである。

問5 政府が法人税率を軽減すると，自動安定化装置は縮小する。というのも，景気が拡大したとき，民間企業の利益から税金として政府に支払われる額は縮小し，より大きな額を企業が投資などに利用できるからである。景気後退期に企業が損失を出したときにも，支払わずにすむ法人税の額も少ないので，企業への負担の軽減の額は少ないからである。

問6 　1）$Y^*=420$，$r^*=0.5$
　　　　2）$\Delta r=1.25$
　　　　　クラウディング・アウト$=1.25\times 4=5$
　　　　　$Y^*=470$兆円へ　50兆円増加。
　　　　3）政府支出が70の時の均衡　$r=0.48$　$Y=419.2$
　　　　　政府支出が100の時の均衡　$r=1.68$　$Y=467.2$
　　　　　クラウディング・アウト$=6[=1.2\times 5]$

《未経験な複雑な問題への挑戦》

問1 　アベノミクスの旧三本の矢は以下の通りである。すなわち，第一の矢は「大胆な金融政策」，第二の矢は「機動的な財政政策」，第三の矢は「民間投資を喚起する成長戦略」である。第一の矢の大胆な金融政策はマネーストックを増加させるので，LM曲線を右方にシフトさせる。第二の矢の機動的な財政政策は補正予算により財政支出を拡大するので，IS曲線を右方にシフトさせる。第三の矢は民間投資を喚起する成長戦略なので，IS曲線を持続的に右方にシフトさせる。

問2 　2016年9月のイールドカーブ・コントロール政策により，短期金利はマイナス，10年物長期金利をゼロ金利となったが，これがそのまま適用されるのは金融機関に対してであって，企業が金融機関から借りる際の金利は，金融機関のマージンが上乗せされるので，プラスであるが，低金利になるのでLM曲線は右下方にシフトする。そのため，そのほかの条件が一定ならば，企業の短期的な投資，主に在庫投資や運転資金の調達は促進される。また，長期的な投資は設備投資であるが，このための資金調達コストは低下するので，そのほかの条件が一定ならば，やはり促進される。また，IS曲線が右方にシフトする場合にも，この政策が維持されるとすれば，金利は上昇しないので，クラウディング・アウトは生じず，その分，国内総生産の増加幅は大きくなる。

問3 　外国人労働力を増加させると，国内の消費者数は増加し，家計消費が増加するため，IS曲線は右方にシフトする。また，企業投資は，労働制約が緩和されるので，企業投資も増加すると考えられる。したがって，IS曲線は右方にシフトする。

218

問4 円安によりインバウンドの外国人旅行客が増加すると，彼らの国内での消費額の増加は輸出の増加になり，IS 曲線は右方にシフトする。LM 曲線が異次元金融緩和下で水平な状況では，国内利子率は変わらないまま，国内総生産は増加する。

問5 消費税率の 8 ％から10％への引き上げによって，家計の消費税を考慮した限界消費性向は低下し，定数項も小さくなるので，IS 曲線の傾きはより急になり，左方にシフトする。LM 曲線が異次元金融緩和下で水平な状況では，国内均衡利子率は変わらないが，国内総生産は減少する。

問6 家計のカードによる支払いの普及により取引動機の現金需要は減少するが，家計の消費額には変化がないとすると，現金通貨の代わりに預金通貨が支払いに使用される。したがって，決済に使用される取引動機貨幣需要は変わらない，というのは正しい。ただし，現金預金比率は低下するので，貨幣乗数は大きくなる。したがって，ハイパワードマネーが不変ならば，マネーストックは増加し，LM 曲線は右方にシフトするが，マネーストックは不変と仮定されているので，LM 曲線のシフトはなく，均衡点の変化はない。

第10章

《概念の理解・定着問題》

問1 ①　②　⑤　⑥　⑦　⑧
（解説）　自国の政府支出増により，自国の国内総生産増，自国の輸入増となる。自国の輸入増は，外国の輸出増であり，外国の国内総生産増となる。テキスト本文の 2 国モデルでは，自国，外国とも，投資はそれぞれで一定額が決められているので変化はない。

問2 1 ドル＝100円
（解説）　5 ドル＝500円，より　1 ドル＝500/5 ＝100円，となる。なお，対円ドル建てレートは，
　　1 円＝5 /500ドル＝0.01ドル，と表現される。

問3 円安ドル高。

問4 円高ドル安。

問5 1 ドル＝100円。

問6 1 ）②

練習問題解答　219

　　（解説）　ユーロ建て輸出価格＝円建て輸出価格/対ユーロ円建てレート。円建て
　　　　輸出価格は一定。円高ユーロ安は対ユーロ円建てレートの数値低下を意味す
　　　　る。
　　2）①
　　（解説）　ユーロ通貨圏の人々にとって，日本からの製品は上記1）よりユーロ
　　　　建て価格で高くなった。したがって，以前より買わなくなるので，数量とし
　　　　て減少する。

問7　1）①
　　（解説）　円建て輸入価格＝対ユーロ円建てレート×ユーロ建て輸入価格。ユー
　　　　ロ建て輸入価格は一定。円高ユーロ安は対ユーロ円建てレートの数値低下を
　　　　意味する。
　　2）②
　　（解説）　日本の人々にとって，ユーロからの製品は上記1）より円建てで安く
　　　　なった。したがって，以前より買うようになるので，数量として増加する。

《スキル形成問題》
問1　1）$Y=10+0.8(Y-20)+10+30+6-0.1Y-10$
　　　　$0.3Y=10-16+36=30$
　　　　$Y=100$
　　2）$6-0.1\times100-10=6-10-10=-14$
　　3）$0.3Y=30+(18-6)=42,\ Y=140$
　　4）$18-0.1\times140-10=18-14-10=-6$
　　5）IS曲線は右にシフトする。

問2　1）$r=53-0.125Y$
　　2）$r=-10+0.025Y$
　　3）（式と答）　$Y=420,\ r=0.5$
　　4）（答）　$X-M=-13.67$　$Y=436.67$兆円へ　13.67兆円増加。

問3　運用資金をX円，1年後の為替レートを1ドル＝e_1円とする。
　　　$X(1+0)=(1+0.05)e_1X/105$
　　　したがって，$105=1.05e_1$
　　　$e_1=105/1.05=100$

《未経験な複雑な問題への挑戦》
問1　④
　　（解説）　1ドル＝e円とする。

円建て輸入金額＝e×ドル建て輸入価格×輸入数量。

ドル建て輸入価格は，世界で取引されている価格なので，円・ドルレートの変化が影響を与えることは一般には考えられないので一定。そこで，急激な円高・ドル安により，eの数値は上昇するが，輸入数量はすぐに変化が生じるわけではない。これは，取引やその背後の需要の変化の緩慢性による。したがって，短期的には，eの数値増により，円建て輸入金額は増加する。しかし，やがて，円建て輸入価格（e×ドル建て輸入価格）が割高になったことにより，輸入財への需要は減少し，輸入数量の低下が生じる。長期的には，短期的な円建て輸入金額増を凌駕する減少効果が生じる。これをJカーブ効果という。

問2 1），2）

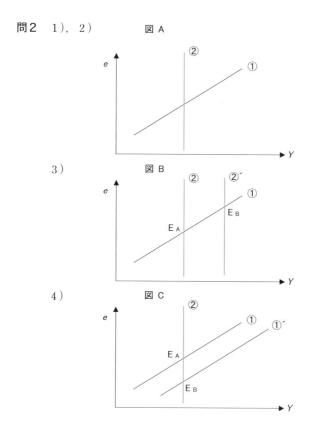

3）

4）

索　引

[欧文・数字]

2国モデル　181-187,198
45度線モデル　68,81
IS-LM モデル　190
IS 曲線　120,121
IS 曲線と LM 曲線の同時均衡　150
IS 曲線とそのシフト　143
IS 曲線の傾き　163
IS 曲線の導出　116
LM 曲線　139
LM 曲線とそのシフト　147
SNA　53

[あ行]

アニマル・スピリッツ　43,106
暗黒の木曜日　51
一時的減税　57
一時的所得　58
一国の貨幣需要　139
一般物価水準　11,17
意図せざる在庫投資　23
インフラ　36
インフラストラクチャー　170
インフレギャップ　81
エンゲル係数　54,60

[か行]

海外　20,33
海外部門　116
外国為替レート　188
外生変数　9,16
借入れコスト　115
価格メカニズム　66,81
拡張的財政政策　81
家計　20,33

家計の最終消費支出　53
駆け込み需要　54,60
貸出金利　172
可処分所得　25,33,60
加速度原理　111,121
貨幣供給　135
貨幣市場の均衡　137
貨幣需要　126,130
貨幣需要関数　135
貨幣需要の動機　125
間接金融　116
完全雇用　82
完全雇用国内総生産　76,81
企業　20,33
キャピタル・ゲイン　130
キャピタル・ロス　130
狂乱物価　113
均衡　5,6,16
均衡為替レート　188
均衡国内総生産　73,81
均衡財政乗数　91,99
均衡需給量　188
金融市場　23
金融政策　159
金融政策の効果　176
クラウディング・アウト　153,159,176
計画された総支出（総需要）　33
経済主体　5,16
経済成長率　44
経済変数　5,16
経済モデル　5
経常収支　28
形態別最終消費支出　53
ケインズ, J.M.　51,65
限界消費性向　56,60,88
減少関数　109
恒常消費　58
恒常所得　58,60

恒常所得仮説　58
合成材　12
合成材バスケット　12
行動様式　5,16
合理的期待形成　175,177
コールレート　172
国債利回り　140
国内金利　190
コンソル国債　131

[さ行]

サージェント　175
在庫投資　23,106,121
最終生産物　52
財政政策　159
散布図　40
三面等価の原理　24,33
市場　5,16
市場均衡　6,17
失業者　76
実質貨幣供給量　125
実質貨幣需要量　125
実質経済成長率　38
自動安定化装置　174,177
シフトする　9
資本　33,39
資本係数　112
資本算出係数　112
資本レンタル料　111
社会資本（インフラ）　36
社会的基盤　170
社会保険料　54
住宅投資　106,121
純輸出　28,33
純輸出 NX　51,59,144
生涯所得　57,60
証券投資　105,121
小国　198
乗数　74,81
乗数過程　87
乗数効果　166
消費　52,60

消費関数　55,60
消費性向　56
情報の非対称性問題　107
所得税率　175
所得の処分　22
ストック　14
ストック調整原理　113,121
税が所得に比例する場合の乗数　89
政策の遅れ（ポリシーラグ）　173
政策の併用（ポリシーミックス）　174
政策の併用　174
生産要素　20
生産要素市場　22
政府　20,33
政府最終消費支出　36
政府支出　36,144
政府支出乗数　79,88,99
政府部門　117
政府予算制約式　27,33
税率　89
設備投資　23,106,121
総固定資本形成　42
総支出　24,51,59
総支出額　24
総需要　24,51
総需要と民間消費　51
総生産額　24
相対所得仮説　57

[た行]

第 1 次石油危機　113
耐久消費財　53,60
耐久消費財の耐用年数　53
大恐慌　51
大国　198
単純な45度線のマクロ経済モデル　99
単純な投資関数　109,121
中古市場　111
長期国債　131
賃金　111
デフレギャップ　77,81
投機　52

索　引　223

投機的動機　130
投機的動機貨幣需要　128,133,139
投資　23,52,53,60,111,132
同時均衡解の導出　150
独立支出　146
独立消費　90
取引動機　126
取引動機貨幣需要　139
取引動機貨幣需要関数　128

[な行]

内外金利差　194
内生変数　8,16
内部収益率　111
ニューディール政策　51
年平均利回り　132

[は行]

ハイパワード・マネー　136
波及過程　93
バブル　52
パラメータ　8,16
半耐久消費財　53,60
比較静学　10
非自発的失業者　76
付加価値　20,33
符号条件　128
双子の赤字　32
物価　12
フロー　14
分配所得　24
閉鎖モデル　187
平成不況　39
貿易　181
法人税　174
ポリシーミックス　176

[ま行]

マクロ均衡条件　99

マネーストック M1　136
マネーストック M2　136
マネーストック M3　136
民間消費　51
民間投資　106,121
民間投資支出　105
民間部門　117
メインバンク　116
モデルを操作する　10,17
モデルを解く　8

[や行]

有効需要の原理　66,81
要素価格比　121
予想収益率　108
予備的動機　129
予備的動機貨幣需要　129,140

[ら行]

ライフサイクル仮説　57
リカードの等価定理　176
利潤　22
利子率　108
リスクプレミアム　115
流動性　140
流動性制約　59,60
流動性のわな　167,176
理論モデル　16
ルーカス・クリティーク　176,177
レンタル市場　111
労働力　33

[わ行]

ワラス　175
割引現在価値　111

［著者紹介］

井出多加子（いで　たかこ）　3章担当
1987年　上智大学経済学部卒業
1997年　慶應義塾大学, 経済学博士
現　在　成蹊大学経済学部教授
主　著　「地価バブルと地域間資本移動」, 浅子和美・福田慎一・吉野直行編『現代マクロ経済分析』, 東京大学出版会, 1997年。
　　　　「日本の不動産価格：現在価値関係で説明可能か」, 井上智夫・中神康博との共著, 西村清彦編『不動産市場の経済分析』, 日本経済新聞社, 2002年。
　　　　「地方交付税・国庫支出金の経済効果について」, 山崎福寿・大重斉との共著, 山崎福寿・浅田義久編『都市再生の経済分析』, 東洋経済新報社, 2004年。
　　　　井出・井上・大野・北川・幸村著『経済のしくみと制度（第3版）』, 多賀出版, 2015年

井上　智夫（いのうえ　ともお）　6章担当　改訂版2章1節, 4, 6章改訂担当
1990年　東北大学経済学部卒業
1997年　カリフォルニア大学サンディエゴ校（UCSD）, 経済学 Ph.D.
現　在　成蹊大学経済学部教授
主　著　"Nonlinear Stochastic Trends", *Journal of Econometrics*, 1997 (with Clive Granger and Norman Morin)
　　　　"Were there structural breaks in the effects of Japanese monetary policy? Re-evaluating policy effects of the lost decade," *Journal of the Japanese and International Economies*, 2008 (with Tatsuyoshi Okimoto)
　　　　井出・井上・大野・北川・幸村著『経済のしくみと制度（第3版）』, 多賀出版, 2015年
翻　訳　『時系列解析〈上・下〉』(原著：James Hamilton, *Time Series Analysis*, 1994), 沖本竜義氏との共訳, シーエーピー出版, 2006年

大野　正智（おおの　まさのり）　第3版2章1節, 3, 10章改訂担当
1988年　横浜国立大学経済学部卒業
1998年　米国ウィスコンシン大学マディソン校, 経済学 Ph.D.
現　在　成蹊大学経済学部教授
主　著　"A Computational Approach to Liquidity-Constrained Firms over an Infinite Horizon" *Journal of Economic Dynamics and Control*, Vol.28, No. 1, 2003.
　　　　"Examining the 'balance of payments stages' hypothesis" *Global Economy Journal*, Vol.14, No.3-4, 2014.
　　　　"Inflation, expectation, and the real economy in Japan" *Journal of the Japanese and International Economies*, Vol.45, 2017.
　　　　井出・井上・大野・北川・幸村著『経済のしくみと制度（第3版）』, 多賀出版, 2015年

北川　浩（きたがわ　ひろし）　1, 2, 4章担当
1984年　一橋大学経済学部卒業
1989年　一橋大学大学院経済学研究科博士後期課程満期退学
現　在　成蹊大学経済学部教授
主　著　"Financial Liberalization in Asian Countries", S. Sekiguchi and T. Kawagoe ed. *East Asian Economics*, 1995.
　　　　「信用秩序維持における預金保険と税の費用負担」, 『成蹊大学経済学部論集』29巻2号, 1999年3月。
　　　　"Real Interest Rate Linkage in Southeast Asia before Currency Crises". *Review of Asian and Pacific Studies* No. 21, 2000.
　　　　井出・井上・大野・北川・幸村著『経済のしくみと制度（第3版）』, 多賀出版, 2015年

幸村千佳良（こうむら　ちから）　5，7，8，9，10章担当　第3版2章1節，5，9章改訂担当
1967年　東京大学経済学部卒業
1979年　米国ペンシルベニア州立大学，経済学 Ph.D.
現　在　成蹊大学名誉教授
主　著　『日本経済と金融政策』東洋経済新報社，1986年
　　　　『経済学事始（第4版）』，多賀出版，2008年。
　　　　『はじめて学ぶマクロ経済学（第2版）』，実務教育出版，2001年。
　　　　Dreams and Dilemmas: Economic Friction and Dispute Resolution in the Asia-Pacific, Institute of Southeast Asian Studies, Singapore, 2000, Co-edited with Koichi Hamada and Mitsuo Matsushita.
　　　　井出・井上・大野・北川・幸村著『経済のしくみと制度（第3版）』，多賀出版，2015年

鈴木　史馬（すずき　しば）　改訂版2章2節，7，8章改訂担当
2002年　慶應義塾大学経済学部卒業
2009年　一橋大学大学院経済学研究科博士後期課程修了，博士（経済学）
現　在　成蹊大学経済学部教授
主　著　"Persistent Catastrophic Shocks and Equity Premiums: A Note," *Macroeconomic Dynamics*, 2014 (with Makoto Saito).
　　　　"An Exploration of the Effect of Doubt during Disasters on Equity Premiums," *Economics Letters*, 2014.
　　　　『しっかり基礎からミクロ経済学－LQアプローチ』，梶谷真也との共著，日本評論社，2016年

マクロ経済理論入門〔第3版〕　■経済経営セメスターシリーズ

2005年 3 月25日　第 1 版第 1 刷発行
2009年10月30日　第 2 版第 1 刷発行
2019年10月10日　第 3 版第 1 刷発行

Ⓒ編著者　　井上　智夫/大野　正智
　　　　　　幸村千佳良/鈴木　史馬

発行所　多 賀 出 版 株式会社

〒102-0072　東京都千代田区飯田橋3-2-4
電話：03（3262）9996代
E-mail:taga@msh.biglobe.ne.jp
http://www.taga-shuppan.co.jp/

印刷・製本／昭和情報プロセス

〈検印省略〉　　　　　　　　　　　落丁・乱丁本はお取り替えします。

ISBN978-4-8115-6843-0　C1033

■経済経営セメスターシリーズ■

井出多加子・井上智夫・大野正智・北川　浩・幸村千佳良　著

経済のしくみと制度〔第3版〕

A5判・226頁・価格1900円（税別）

上田　泰・時岡規夫・山崎由香里　著

会社入門〔第3版〕

A5判・192頁・価格2000円（税別）

井上智夫・大野正智・幸村千佳良・鈴木史馬　編著

マクロ経済理論入門〔第3版〕

A5判・240頁・価格2200円（税別）

上田　泰・時岡規夫・山崎由香里・井上淳子　編著

企業経営入門〔第2版〕

A5判・232頁・価格2200円（税別）

中西寛子　著

統計学の基礎

A5判・168頁・価格1900円（税別）